POPULISMOS

DIEGO SALAZAR (COORD.)

POPULISMOS

UNA OLA AUTORITARIA AMENAZA HISPANOAMÉRICA

Carlos Manuel Álvarez • Carlos Dada • Ramón González Férriz •
Carlos Granés • Catalina Lobo-Guerrero • Daniel Matamala • Isabela
Ponce Ycaza • Ricardo Raphael • Alberto Vergara
• Yanina Welp • María Teresa Zegada Claure

Ariel

Índice

Introducción

Populismos de todos los colores

Diego Salazar

Si hay algo en que los muchos estudiosos y estudiosas del populismo en nuestros días están de acuerdo es que no es posible definir con precisión absoluta y de forma unívoca y cerrada a qué nos referimos con populismo.

Se trata de un término maleable y de uso común, que, de forma poco habitual para una palabra así de incierta, se encuentra presente y es usado con soltura tanto en sesudas discusiones y volúmenes académicos como en columnas y artículos de prensa, debates políticos, tertulias radiofónicas o televisivas e incluso conversaciones a pie de calle.

¿Se trata de una ideología? ¿Un estilo de hacer política? ¿Una estrategia electoral? ¿Una forma de gobernar? ¿Una táctica propagandística?

Para complicar un poco más las cosas, dos de los expertos más prolíficos y respetados sobre el tema hablan, cuando buscan definir el populismo, de «una ideología delgada». Es decir, una ideología que, «a diferencia de ideologías consistentes o completas, tiene una morfología restringida, que necesariamente se ve anexada a —y algunas veces incluso asimilada por— otras ideologías».

9

Para el politólogo holandés Cas Mudde y el sociólogo chileno Cristobal Rovira, autores de múltiples libros y estudios sobre el tema, el atributo mínimo indispensable de esta ideología delgada que conocemos como «populismo» es la caracterización de la sociedad como «separada en dos grupos homogéneos y antagónicos, el pueblo puro versus la élite corrupta».

Además de esa caracterización, el populismo, según Mudde y Rovira, defiende que el ejercicio de la política debe ser «la expresión de la voluntad popular». Para los autores, no se trata de «una tradición ideológica coherente» sino más bien «un set de ideas que, en el mundo real, aparecen en combinación con ideologías diferentes y muchas veces contradictorias».

Según ambos autores, sin embargo, pese a la rotundidad de la caracterización que el líder o lideresa populista hace del origen de los problemas que aquejan a la sociedad —«el pueblo puro versus la élite corrupta»—, el populismo por sí solo es incapaz de aportar «soluciones complejas o exhaustivas a las cuestiones políticas que una sociedad moderna genera». Para ello, precisamente, necesita acudir a elementos prestados de otras ideologías.

Por otro lado, resulta interesante que Mudde y Rovira, a diferencia de otros especialistas, señalen que el éxito o establecimiento del populismo no necesita, inexorablemente, de «la aparición de un líder carismático» que sea capaz de atraer a un «electorado que se siente decepcionado o ignorado por los partidos políticos establecidos».

Para ambos autores, la idea de esa necesidad resulta problemática debido a que «no todos los actores populistas son liderados por un líder carismático». Además, dicen, el populismo es «un discurso moralista y maniqueo que existe en la sociedad independientemente de la presencia de actores populistas». Ciudadanos de distintas sociedades «interpretan la realidad política a través de anteojeras populistas», concluyen. El populismo debe ser entendido, más bien, «como una suerte de mapa mental a través del cual los individuos analizan y entienden la realidad política» circundante.

No son pocos los autores en desacuerdo con esta visión.

Por ejemplo, el politólogo ecuatoriano Carlos de la Torre, autor entre otros muchos estudios del libro *Populisms: A Quick Immersion*, señala que «sin un líder considerado fuera de lo común, los movimientos sociales que utilizan una retórica populista no son todavía populistas». Ese líder, explica De la Torre, se presenta como «la verdadera voz y el único representante de la "gente real"».

También Yanina Welp, politóloga argentina, investigadora asociada del Albert Hirschman Centre on Democracy en Ginebra, analiza en el presente volumen el caso argentino y señala que «el populismo contemporáneo (en todas sus numerosas definiciones) se define por el rol articulador del carisma del líder».

Por qué tenemos populistas

En *The Will of the People Populism and Citizen Participation in Latin America*, Welp realiza un completo e importante listado de distintas hipótesis que explican la aparición y el éxito de partidos populistas en nuestros días. Entre ellas, según Welp, se encuentra «la pérdida de legitimidad» de los sistemas políticos. Según la autora, el populismo florece cuando «existe desencanto con la política, y en especial con los partidos políticos, entre una parte o la mayoría de la población».

Otra hipótesis recogida por la politóloga argentina apunta a la «aparición de nuevos clivajes estructurales». Según esta explicación, emergen propuestas populistas cuando se reescriben viejas divisiones o aparecen divisiones nuevas que socavan a los partidos políticos existentes y abren oportunidades para atraer a votantes no representados.

Welp lista otra hipótesis y señala que el surgimiento de partidos populistas está ligado a «las barreras de entradas para la aparición de nuevos partidos». Léase: «cuando la institucionalización del sistema de partidos es débil, existe una mayor posibilidad de que nuevos partidos populistas emerjan y crezcan rápidamente». Por el contrario, «cuando los partidos existentes están demasiado atrincherados y las barreras de entrada para nuevos partidos son demasiado altas, esto puede conducir a tal desencanto con el sistema político que la presión de grupos populistas lleva a una grieta en el sistema y al rápido ingreso de uno o más de esos partidos».

En su análisis, Welp también señala que el éxito de algunos populismos actuales está ligado a «la estrategia de comunicación de sus líderes». De acuerdo con esta hipótesis, «el populismo como estrategia política está bien equipado para los tiempos digitales, para promover líderes carismáticos y facilitar la movilización de masas y la estrategia comunicacional con los votantes». De esta forma, el auge populista estaría relacionado, al menos en parte, «con el desarrollo de los medios digitales y sociales, que permiten a los líderes y activistas comunicarse directamente con la gente en lugar de ser mediados por la prensa tradicional impresa o la televisión». A decir de Welp, «las redes sociales han permitido a los partidos populistas desarrollar y propagar una narrativa antiélite de una manera en que los medios tradicionales no hicieron».

La lectura de Welp es acertada. Es difícil imaginar la aparición y éxito de líderes populistas contemporáneos como Donald Trump, Andrés Manuel López Obrador o Pedro Castillo sin la existencia de redes sociales y lo que Welp llama «la reducción de barreras para el ingreso en la esfera pública y la capacidad de influir en el discurso público».

La falta de reacción de las élites

Otra condición, en este caso apuntada por Mudde y Rovira, que facilita la activación de «sentimientos populistas entre la población» y su posterior capitalización por parte de un líder o partido populista es «la incapacidad de reacción por parte de las élites».

Cuando una fracción de la ciudadanía se ve afectada por ese «desencanto con la política, y en especial con los partidos políticos» del que habla Welp, resulta muy sencillo que se «sienta abandonada por el establishment» y que, en palabras de Mudde y Roviera, «se vea inclinada a interpretar los acontecimientos políticos usando el mapa mental del populismo». Ese mapa mental que dicta que «las élites solo se preocupan por sí mismas y no están interesadas en las preocupaciones de la gente (real)».

En esa línea apunta, por ejemplo, parte del análisis del caso mexicano realizado para este libro por el periodista y analista político Ricardo Raphael, quien señala la facilidad que ha tenido el presidente Andrés Manuel López Obrador para traducir ese mapa mental populista a la realidad de su país: «La segunda década del siglo XXI mexicano nada tuvo que ver con el pudor de la élite: la corrupción y la impunidad, así como la desigualdad y el privilegio fueron todas fracturas expuestas que profundizaron la ira social. Sumó presión que la riqueza presumida proviniera de sujetos dedicados a hacer negocios con funcionarios corruptos del gobierno».

El caso de López Obrador es uno de los más exitosos en el mundo hispanoparlante a la hora de articular y explotar las pulsiones populistas de una sociedad. En palabras de Raphael: «El lopezobradorismo ha conseguido crecer en popularidad porque asumió como propio el rechazo contra esa parte de la élite que solía ostentarse con gran frivolidad. También supo dotar de significado a las pulsiones del resentimiento que anidaban con fuerza dentro de distintos sectores;

animosidad contra las élites económicas, pero también contra la alta burocracia cuyos salarios llegaron a superar ampliamente los ingresos promedio de las familias mexicanas».

Si uno analiza con detenimiento, como han hecho los autores del libro que tiene entre las manos, verá que esa incapacidad de reacción de las élites nacionales o locales, muchas de ellas corruptas, para atender o siquiera escuchar las demandas de buena parte de la sociedad son una constante donde el populismo viene arraigándose, expresándose y consiguiendo desestabilizar los sistemas políticos existentes.

¿Populismo bueno?

Es ahí hacia donde apunta también, aunque bajo una mirada positiva del fenómeno, el historiador, periodista y analista político estadounidense Thomas Frank, quien en un libro reciente, *The People, No: A Brief History of Anti-Populism*, explica las tensiones existentes entre el populismo y antipopulismo.

Frank, que no ve el populismo como un mal en sí mismo, dice que la palabra se ha convertido en el llanto de una clase dirigente y unas élites incompetentes que ven su poder en peligro y reducen a ese término su temor. «Populismo, para ellos, es la palabra que evoca a la lógica de la turba; es la gente vista como la gran bestia que arrasa todo a su paso», escribe Frank.

Para Frank, la élite que teme y critica el auge del populismo, incapaz de escuchar y entender a la ciudadanía descontenta, solo es capaz de ofrecer ya «una triste política de la reprimenda», que ve al público «no como una fuerza que organizar sino como una amenaza que debe ser regañada y disciplinada».

El autor estadounidense quiere rescatar una tradición política populista que «confía en la gente, que responde a sus necesidades y que transforma el resentimiento en progreso». Una mirada optimista con la que, en principio, uno difícilmente podría estar en desacuerdo, visto el panorama de desigualdad y descontento generalizado que, hasta ahora, las élites políticas y económicas han dejado en nuestros países.

Sin embargo, Frank pasa por encima o, más bien, centrado casi únicamente en la experiencia estadounidense, trata con no suficiente preocupación las tendencias autoritarias que, por lo general, presentan los líderes o partidos populistas.

Si bien es un error equiparar autoritarismo con populismo a secas o, como ocurre habitualmente en medios de prensa, utilizar de forma intercambiable los adjetivos «populista» y «autoritario», existen componentes en el populismo que lo hacen proclive a una deriva autoritaria. Como explica Yanina Welp, «cuando los populistas consiguen mantenerse en el poder por períodos prolongados, con o sin recambio del liderazgo, suele producirse una mutación del régimen, que deja de ser democrático para convertirse en autoritario».

Pese a que los populistas acceden al poder por la vía electoral, dice Welp, «si se mantienen en el gobierno por largos períodos ponen en crisis la democracia representativa, al cooptar instituciones de control y contrapesos y perseguir a la oposición, sea partidaria, civil, académica o mediática».

La historiadora Ruth Ben-Ghiat, autora de *Strongmen: Mussolini to the Present*, recalca también que pese a que el «populismo no es inherentemente autoritario, muchos líderes autoritarios pasados y presentes han utilizado la retórica populista para definir sus naciones como atadas a una fe, raza o etnicidad en lugar de derechos o leyes». Para los líderes autoritarios, de forma similar a los populistas —que, recordemos, tienen como característica principal dividir a la sociedad entre el pueblo bueno y la élite corrupta— «solo cierta gente es "el pueblo"» y «solo el líder, por encima y más allá de cualquier institución, encarna a ese grupo». Esto, con independencia de ideologías, de que el populista o su discurso esté orillado a uno u otro lado del espectro político.

Todos los populismos

En la introducción de su libro *Populista: The Rise of Latin America's 21st Century Strongman*, el periodista británico Will Grant, que lleva años cubriendo distintos países de la región, recalca: «definir el populismo latinoamericano moderno es un ejercicio tenso» y con mucha probabilidad condenado al fracaso.

Por ello y porque, como explica John B. Judis, autor de *The Populist Explosion*, el «populismo es capaz de abrazar y hacer suyas las banderas más diversas así como defender las propuestas más dispares», a la hora de aventurarse a su estudio y discusión es imprescindible hacer hincapié en las múltiples y, a veces, contradictorias expresiones del fenómeno.

Ya sea como ideología delgada, discurso o estrategia política, el populismo puede adquirir las connotaciones requeridas para triunfar en sociedades con condiciones económicas, sociales, históricas y culturales diferentes.

Es por ello, debido a esa diversidad, a la maleabilidad del término y, por qué no, a la peligrosidad del fenómeno, que resulta fundamental analizar cada caso de forma individual y poner atención, precisamente, al contexto histórico, social, económico y cultural que alumbra una determinada vertiente o ejemplo de populismo.

Esa ha sido la aspiración en este volumen.

Que cada autora y autor no solo explique y relate la encarnación o encarnaciones del populismo en el país que le ha tocado analizar, sino que señale las características del contexto que han hecho posible su aparición, despliegue y, dado el caso, éxito. Para que así, a partir de las similitudes y diferencias encontradas, el conjunto ilumine a todos los que deseamos alzar la voz y advertir sobre los riesgos y amenazas que entraña.

1

Argentina y la contención populista

Yanina Welp

La *contención* —acción y efecto de contener o contenerse— expresa la singularidad del populismo en la Argentina del siglo XXI, porque este contiene y modela unas relaciones políticas que le marcan sus límites. El populismo, aquí identificado con el partido o alianza de facciones reunidas bajo el ala del peronismo, evita la pérdida de sentido de la política para propios y adversarios (porque hasta el momento ha inhibido la profundización extrema de la crisis de representación), mientras es contenido por una institucionalidad que previene la concentración de poder dentro del partido y las derivas autoritarias en el sistema. Una de cal y otra de arena en una dinámica que la primero presidenta (2007-2015) y luego vicepresidenta (2019-2023) Cristina Fernández de Kirchner (CFK), principal líder del espacio peronista, ha reforzado *debido a su debilidad*.

En Argentina, el peronismo en el gobierno se desacopla de los patrones de desempeño más comunes a los proyectos populistas en un doble sentido: logra institucionalizarse y lo hace sin romper la democracia. El populismo contemporáneo (en todas sus numerosas definiciones) se define por el rol articulador del carisma del líder.

Esta centralidad del liderazgo es lo que suele poner trabas tanto a su institucionalización, por el control personal del líder, como a su supervivencia en el tiempo, por el dilema de la sucesión. Cuando los populistas consiguen mantenerse en el poder por períodos prolongados, con o sin recambio del liderazgo, suele producirse una mutación del régimen, que deja de ser democrático para convertirse en autoritario. Esto es clave, dado que el populismo no es un sistema político sino un estilo de gobierno. Los líderes populistas acceden al poder por la vía electoral. Si se mantienen en el gobierno por largos períodos ponen en crisis la democracia representativa, al cooptar instituciones de control y contrapesos, y perseguir a la oposición, sea partidaria, civil, académica o mediática. He ahí el dilema: existencia efímera o mutación autoritaria. El *kirchnerismo* rompe esta tendencia con una vía alternativa.

Los estudios contemporáneos del populismo suelen enfatizar la tensión que se produce entre los elementos democratizadores, observados en la repolitización de la sociedad y el aumento de la participación política, y los elementos desdemocratizadores, observados en su propensión a atacar el pluralismo y las instituciones de control y contrapesos.[1]

La dinámica de polarización, por un lado, y control jerárquico centrado en una persona, por el otro, conducen a que, cuando los líderes populistas consiguen el gobierno, sus perspectivas sean tres: o bien tienen una gestión efímera porque no consiguen responder a sus promesas (por ejemplo, Pedro Pablo Kuczynski en Perú); o bien son desplazados internamente en la sucesión (Rafael Correa en Ecuador,

---

[1] Véase Ruth, S. P. (2018), «Populism and the Erosion of Horizontal Accountability in Latin America», *Political Studies*, 66(2), 356-375. https://doi.org/10.1177/0032321717723511. Para una revisión de lo que el kichnerismo significó para la democracia en las visiones positiva de Ernesto Laclau y negativa de Guillermo O'Donnell, véase Peruzotti, E. (2017), «Conceptualizing kirchnerismo», *Partecipazione e Conflitto*, 10(1) http://siba-ese.unisalento.it/index.php/paco/article/viewFile/17115/14656

Alvaro Uribe en Colombia), o inician un camino de autocratización que finalmente puede conducir a la ruptura con la democracia liberal (lo ejemplifican la Venezuela de Nicolás Maduro y la Nicaragua de Daniel Ortega en América Latina, la Hungría de Viktor Orbán y la India de Modi a nivel global).

El peronismo en Argentina escapa a estas lógicas poniendo una particular impronta que le ha conducido a institucionalizarse a lo largo de nueve décadas (en las que sí ha expresado derivas autoritarias y convivido con reacciones autoritarias y violentas) para, actualmente, sostenerse como organización política que aloja liderazgos populistas en un marco democrático y sin romperlo.

Aquí se proponen unas razones —referidas a la institucionalización del partido, la estructuración de la competencia y el estado de la democracia— para explicar cómo se produce este resultado, sus beneficios y límites.

De Juan Domingo Perón al *kirchnerismo*

Parte de la producción académica sobre la emergencia del peronismo lo vinculó a los fascismos del período de entreguerras, que fueron de inspiración para su líder, Juan Domingo Perón. En el modelo de comprensión del populismo basado en Perón, se combinan elementos del fascismo corporativista con otros de las democracias liberales. No se puede soslayar, sin embargo, que lo que regía la Argentina de la época no era una democracia electoral. Desde el golpe de estado contra Hipólito Irigoyen (1930), la política argentina estaba fuertemente controlada por las Fuerzas Armadas y la dinámica electoral, por el fraude.

La novedad del arribo de Perón al gobierno fue, sin duda, su apoyo popular en las emergentes zonas obreras que habían crecido con la industrialización por sustitución de importaciones del período de entreguerras.[2] El poder durante los gobiernos de Perón (1946-1955) se organizó de forma jerárquica, se adjudicó un rol central al estado en la economía, florecieron organizaciones que debían quedar bajo el ala del gobierno y se ejerció un más o menos sutil rechazo a distintas formas de disidencia, desde los partidos de oposición, la sociedad civil y los medios de comunicación. La reforma constitucional de 1949 amplió derechos de forma inédita —laborales, sociales, voto femenino, etc.— y también concentró poder en el ejecutivo y a costa de los otros poderes y de las provincias, de la autonomía universitaria y los medios de comunicación.[3]

Ampliación de derechos sociales y restricción del pluralismo son dos características notables del período. Un estudio de Juan Carlos Portantiero y Emilio de Ipola publicado en *Nueva Sociedad* en 1981 señalaba que no se trataba de una tensión entre elementos de distinto orden, sino de dimensiones constitutivas del peronismo, articuladas en la identidad *pueblo*:

> En términos más concisos y tajantes: el peronismo dio, por primera vez, un principio de identidad a la entidad «pueblo». Reconocido lo anterior, cabe sin embargo añadir que esos rasgos positivos del fenómeno peronista se vieron acompañados, y en el fondo encuadrados, por limitaciones insuperables (en el sentido de que fueran aspectos no azarosos, sino constitutivos, de ese mismo fenómeno). Para decirlo sin retaceos, las modalidades bajo las cuales el peronismo constituyó al sujeto político «pueblo» fueron tales que conllevaron necesariamente la

---

[2] Para una revisión de la emergencia del peronismo estructurada en torno a su mítico 17 de octubre, puede verse la compilación de Senén González y Lerman (2005), *El 17 de octubre de 1945. Antes, durante y después.* Buenos Aires: Lumiere.

[3] Véase Ilsley, L. (1952), «The Argentine Constitutional Revision of 1949», *Journal of Politics*, 14(2), pp. 224, 240.

subordinación/sometimiento de ese sujeto al sistema político instituido —al «principio general de dominación», si se quiere—, encarnado para el caso en la figura que se erigía como su máxima autoridad: el líder.[4]

El gobierno de Perón fue interrumpido por el golpe de Estado de 1955 al que siguió un ciclo de proscripción y violencia que no haría más que recrudecerse en los años siguientes. Las débiles fuerzas democráticas quedaron fuera de juego, y los sectores más apegados a sus intereses económicos que a la defensa de los derechos políticos y humanos se aliaron con los militares.

El peronismo fue proscrito, pero esto no impidió que sus organizaciones afines siguieran teniendo peso, en ocasiones considerable, y que sectores se aliaran con los militares, como ocurrió con parte de la dirigencia sindical, mientras que otros sufrían de forma particularmente intensa la persecución y represión. Así, el peronismo toleró en su seno la formación de distintas facciones y de sindicatos fuertes con agendas ejercidas con una relativa autonomía, permitida en buena medida por la ausencia física del líder que simbólica y efectivamente seguía ordenando el movimiento.[5]

Una larga historia de encuentros y sobre todo desencuentros nos trae hasta el 2022. No es el objetivo de este análisis hacer un repaso de esta, por lo que nos limitamos a destacar que el peronismo consiguió institucionalizar un partido político y que lo hizo y sobrevivió en el tiempo a pesar del (o quizás debido al) cambio en las reglas y sus propios cambios internos y renovación de liderazgos.

---

[4] De Ipola, E. & Portantiero, J. C (1981), «Lo nacional popular y los populismos realmente existentes», *Nueva Sociedad* 54, pp. 7-18.
[5] Senén González, S. y Bosoer, F. (2012*), La lucha continúa, 200 años de historia sindical en la Argentina*, Buenos Aires: Vergara.

En la actualidad, una de las claves de esta capacidad adaptativa puede verse en la ampliación de las bases de apoyo para incorporar a los movimientos sociales emergentes de la crisis del capitalismo global y su expresión doméstica en el 2001:[6] organizaciones de desocupados, piqueteros, distintos movimientos organizados alrededor del trabajo no formal y la economía social que se articulan en estrecha dependencia del Estado.[7]

El estudio del populismo vivió un auge a mediados del siglo XX, inspirado en la experiencia latinoamericana y especialmente en la del peronismo argentino de los años cuarenta. Desde fines de la década de 1990, el populismo vuelve a expandirse en América Latina —con experiencias como las de Alberto Fujimori en Perú (cuyo proyecto rompe con la tradición populista al ser calificado como neoliberal, igual que ocurrirá con Carlos Saúl Menem en Argentina) y la de Hugo Chávez en Venezuela (promoviendo el llamado «socialismo del siglo XXI») y también en Europa, donde los casos del *lepenismo* en Francia, los hermanos de Italia o Alternativa por Alemania muestran una particular versión del populismo ligado al ideario de la derecha radical.[8]

A lo largo de estos más de ochenta años, y sin ser alterado en su sustancia por los dramáticos cambios de contexto, la política argentina ha seguido marcada por lo que se identifica como una efervescencia populista contenida por el peronismo y con expresiones tanto a la izquierda como a la derecha. Baste recordar que el mayor exponente de las políticas neoliberales en la Argentina posdictadura es el

---

6 Para un repaso de los legados de la crisis, véase Cruz y Pérez Alfaro (coords.) (2021)*, Después del terremoto.*

7 Torre, J. C. (2019), «De la movilización de los desocupados a la formación de un nuevo actor sociopolítico», *Desarrollo Económico,* vol. 59, núm. 228, pp. 165-200.

8 Para una revisión de los casos europeos y la conexión del populismo con la derecha radical, véase Acha, B. (2021), *Analizar el auge de la ultraderecha.* Madrid: Gedisa.

presidente peronista Menem.[9] De las cenizas del 2001 y de la incomodidad ideológica que dejó en el partido (en un partido que no se dividió durante el período, aunque algunos pocos lo abandonaron) surge el *kirchnerismo*.[10] ¿Cómo ha conseguido esta supervivencia marcada por un viraje ideológico tan pronunciado?

Las claves de la supervivencia peronista

Las características propias del fenómeno populista contemporáneo en Argentina —que contiene por adhesión y rechazo la representación mientras es contenido por las instituciones— se basan en tres dimensiones: *1)* la institucionalización del peronismo y su funcionamiento interno, *2)* la arena de competencia electoral en la que se inserta y que retroalimenta y *3)* el marco institucional que lo contiene y ordena la competencia dentro del partido y entre partidos. Las tres contribuyen a poner límites a la concentración del poder. Sobre la primera dimensión, las claves residen en la consolidación de una organización política con despliegue en el territorio y fuertes lazos con organizaciones sindicales y movimientos sociales afines; en ese esquema, todos los actores con poder territorial, laboral y social conservan ciertos grados de autonomía y agenda propia. El resultado es un alto grado de control jerárquico basado en el mutuo beneficio y sin cheque en blanco.

La dimensión político-electoral se proyecta en unas dinámicas de competencia que logran (de momento) agrupar preferencias,

---

[9] La compilación de Rodríguez y Tuzón (2021) analiza el legado de la presidencia de Menem partiendo de la dificultades y malabares que ha hecho el partido para incorporar esa herencia.

[10] Señala María Esperanza Casullo que el kirchnerismo se inscribe con cierta incomodidad en el peronismo, pero no puede entenderse fuera de su matriz. Casullo, M. E. (2019), *¿Por qué funciona el populismo?* Buenos Aires: Siglo XXI, pp. 109 y ss.

permitiendo la alternancia y evitando la salida, en términos *hirsch-manianos*,[11] entendida como la opción por la abstención o el voto nulo. Hasta ahora (y el fenómeno de Libertad Avanza, la agrupación libertaria impulsada por Javier Milei, podría cambiar el patrón de funcionamiento generado desde el segundo gobierno de Néstor Kirchner) las dos grandes coaliciones han concentrado las adhesiones de la mayor parte de la población.

La tercera dimensión, sistémica, tiene como principal articulador el acuerdo en relación al método para organizar la distribución del poder político: las elecciones. A diferencia de lo ocurrido en procesos recientes en el continente (Jair Bolsonaro en Brasil en 2022; Keiko Fujimori en Perú en 2021; Donald Trump en Estados Unidos en 2020), en Argentina, los perdedores en la contienda electoral se van a casa sin poner en duda el sistema electoral y con la expectativa de poder volver en los próximos comicios.

Podrá sonar insuficiente o mínimo, pero en épocas de abierto retroceso autoritario y declive de la confianza, esa certeza colectiva que permite reconocer al ganador y tener la expectativa de recuperar el poder, tanto para las élites como para la sociedad, es un puntal de la institucionalidad y una garantía para la democracia. Es necesaria para asegurar su mínimo funcionamiento, pero no es suficiente para avanzar en su profundización y eventualmente podría enfrentar sus límites si no se resuelven problemas profundos asociados a la capacidad estatal de regular economías eficientes y garantizar mínimos de bienestar a la población.

---

[11] Hirschman, A. O., *Exit, Voice, and Loyalty: Responses to Decline in Firms, Organizations, and States*, Cambridge, Massachusetts: Harvard University Press, 1970.

Un partido enraizado

Mirar el contexto permite expandir el argumento. En países como Chile, Colombia y Ecuador hubo estallidos sociales recientes. Esto no ha pasado en Argentina. ¿Por qué, si la pobreza viene creciendo de forma alarmante (alcanzando el 36.5 % en el primer trimestre de 2022 según el Indec; varios puntos por encima según otras fuentes) mientras la inflación penaliza a los sectores medios y populares (88 % acumulado hasta noviembre de 2022 según datos oficiales)? Hubo estallidos en Argentina en condiciones más o menos semejantes en 1989 (hiperinflación) y 2001 («corralito» y aumento de la pobreza). Si bien estas dos protestas no siguieron un mismo patrón, comparten una variable fundamental: los que «controlan la calle» estaban en la oposición, y hora son gobierno.

Las protestas y saqueos ocurridos entre mayo y junio de 1989 se produjeron con efecto dominó. La situación era insostenible por la hiperinflación (superaba el 700 %), la pobreza (más del 40 %) y el desempleo (el PIB cayó en casi 15 puntos, peor que durante la pandemia). Y todo esto con el país en *default*, sin acceso a crédito y con desabastecimiento.

El presidente Raúl Alfonsín (Unión Cívica Radical, 1983-1989) había decidido anticipar las elecciones de octubre a mayo. Ganó Carlos Saúl Menem (Partido Justicialista), pero no asumiría el cargo hasta el 10 de diciembre, una verdadera eternidad. Aquella revuelta fue un movimiento de desborde, con el saqueo y el vandalismo como formas de canalización de necesidades insatisfechas, pero tuvo también algo de orquestado y algunos intendentes peronistas del conurbano bonaerense actuaron como artífices.[12]

---

[12] Véase Malamud, A. (2018), *El oficio más antiguo del mundo*. Buenos Aires: Capital Intelectual.

Con todo, los saqueos de 1989 fueron impulsados por los sectores populares de las periferias urbanas afines ideológicamente al peronismo. En cambio, las protestas de 2001 fueron iniciadas por las mismas bases sociales del gobierno de Fernando de la Rúa (también de la Unión Cívica Radical), las clases medias de los centros urbanos que se vieron afectadas por el corralito y el fin de la convertibilidad (retención de ahorros y fuerte devaluación del peso; la pobreza alcanzó el 46 % dos meses antes de la crisis). A las clases medias se sumaron los sectores populares con el slogan «piquete y cacerola, la lucha es una sola»; una alianza de la que no queda nada. Fue masivo y disruptivo, pero lo que produjo el desborde fue la incapacidad para contenerlo, los déficits políticos y comunicacionales del gobierno de De la Rúa, no la profundidad de la crisis de representación, como evidenciaría la rápida reconstrucción del sistema político.

La historia de las huelgas generales desde la restauración de la democracia permite avanzar la reflexión. A Alfonsín le hicieron 13; a Menem, ocho en un período de gobierno más largo y caracterizado por las privatizaciones de empresas públicas, que tuvieron movilizadas a las organizaciones de trabajadores en otros países, como Uruguay. Los datos de un estudio dirigido por Marcelo Bermolén[13] para Argentina señalan que de las 42 huelgas generales ocurridas desde 1983, 27 tuvieron lugar durante administraciones no peronistas y que estas ocurrieron antes (a 275 días de iniciada la gestión para los gobiernos no peronistas, a 1 108 días para los gobiernos peronistas). Aquí un punto central: no es el populismo lo que moldea la relación entre partido y sindicatos afines sino los intereses compartidos. Los incentivos están claros. Cuando se desequilibra la relación, los líderes sindicales amenazan y eventualmente ejercen el poder de movilización que siguen teniendo.

---

[13] Informe Marcelo Bermolén, director del Observatorio de Calidad Institucional y profesor de la Escuela de Política, Gobierno y Relaciones Internacionales de la Universidad Austral.

En síntesis, en Argentina los lazos de la representación y vinculación política siguen funcionando en distintas formas. Incluso las ayudas sociales y las redes clientelares dan cuenta de la presencia del Estado. Por más polémica que la afirmación pueda resultar, todo el entramado funciona como un mecanismo de contención simbólica y material. No es el carácter populista sino el fuerte corporativismo y la institucionalización y distribución de las relaciones de poder lo que ha permitido al peronismo generar unas estructuras de negociación que le permiten mantenerse no solo a través del cambio de liderazgos sino también en la presencia en el territorio: sindicatos, movimientos sociales afines y la presencia federal del partido garantizan una dinámica de pesos y contrapesos que permiten resolver y canalizar demandas de distinto orden con relativa institucionalización.

La clave está en esta forma de institucionalización. La institucionalización es el proceso por el cual las organizaciones adquieren valor y estabilidad.[14] En el caso del sistema de partidos, esta refiere a 1) la estabilidad de los partidos y de los patrones de competencia entre estos; 2) que los partidos más importantes posean raíces relativamente estables en la sociedad; 3) que los partidos y el proceso electoral cuenten con la legitimidad asignada por unas élites políticas que basan su conducta en la expectativa de que las elecciones serán la ruta principal para acceder al gobierno; 4) y la autonomía de la organización, en la medida en que el partido adquiere valor por sí mismo y un estatus independiente (de los líderes o de organizaciones que pueden haberlos creado para instrumentar sus propósitos).[15]

---

[14] Huntington, S. (1968), *Political Order in Changing Societies*. New Haven, Conn.: Yale University Press.

[15] Mainwaring, S. y Scully, T. (1995), «Introduction: Party Systems in Latin America» en Mainwaring & Scully (eds.), *Building democratic institutions: Party systems in Latin America*. Stanford: Stanford University Press.

El primer elemento se ha dado en Argentina, aunque con cambios relevantes, desde la recuperación de la democracia. Los resultados electorales y las encuestas de intención de voto también dan cuenta de una relativa estabilidad y enraizamiento (que nunca puede ser absoluta porque esto negaría la política misma y la posibilidad de alternancia). El proceso electoral cuenta con la legitimidad asignada por todos los actores. Finalmente, relevante también es analizar la autonomía *relativa* de los partidos.

En un trabajo reciente, con Alicia Lissidini[16] cuestionamos el énfasis puesto en esta dimensión de la autonomía. Los partidos de izquierda o centroizquierda surgidos de movimientos sociales (como es el caso del MAS en Bolivia) y/o con mayor vinculación con sindicatos (como ocurre con el peronismo en Argentina —que no siempre encaja en la definición de izquierda, pero se autopercibe como tal— o el Partido de los Trabajadores en Brasil) se ven tensionados por la necesidad de responder a sus bases y cumplir con sus programas, por un lado, y ampliar sus apoyos, por el otro. En esta tensión, la vinculación del partido con organizaciones en el territorio permite al gobierno acceder a información que tiene el potencial de evitar estallidos, modificar su agenda y detectar demandas, porque su capacidad de acción es muy inferior a las expectativas que genera.

El caso chileno lo ilustra por opuesto: la desvinculación de la socialdemocracia y sus bases de apoyo sería uno de los causales de la crisis de representación que derivó en el estallido en 2019. En el otro extremo, el alineamiento vertical y controlado de las organizaciones sociales con el aparato partidario en el gobierno expresa el avance de prácticas autocratizantes que socavan el pluralismo, como ocurrió en Venezuela.

---

[16] Lissidini, A. y Welp, Y. (2023). «El equilibrio estable como problema: los gobiernos de izquierda sudamericanos y "sus" movimientos sociales (1990-2022)» en Barragán, M. y Martí i Puig, Salvador. *Democracias frágiles*. Tirant editorial.

El formato intermedio seguido por Argentina, con toda la crítica que pueda hacerse a la fortaleza de vínculos clientelares, muestra un lado positivo. Los sindicatos han canalizado conflictos entre el capital y el trabajo, los nuevos movimientos sociales incluyen las demandas de quienes están fuera de la estructura formal de empleo, lo que da cuenta de la capacidad de adaptación del peronismo, y en un país federal y con fuerte poder territorial, la presencia del partido y sus redes de alianzas en las provincias completa la ecuación permitiendo el enraizamiento de la organización. Importan los números y la distribución del poder, pero, como se argumentará a continuación, las reglas también importan.

Polarización y reglas del juego

La polarización —«grieta», en la jerga argentina— que separa al *kirchnerismo* del *antikirchnerismo* define identidades y canaliza pasiones electoralmente. A su vez, el sistema electoral y las Primarias Abiertas Simultáneas y Obligatorias (PASO) han generado incentivos adicionales para que se mantengan las dos grandes coaliciones y disminuyan las oportunidades de terceras fuerzas.

Aquí el discurso populista con sus características movilizantes y la apelación a las emociones parece jugar un papel importante, pero las instituciones también. La investigación académica señala que los liderazgos populistas promueven una agenda de transformaciones radicales. Se ha enfatizado mucho el interés de los líderes populistas por las grandes transformaciones y su escaso apego a las políticas menos impactantes o más vinculadas a la gestión. Pero la evidencia muestra que no siempre consiguen llevarlas adelante.

Saskia Ruth-Lovell ha analizado casos en perspectiva comparada partiendo de tres hipótesis que explicarían el éxito de los liderazgos populistas para producir cambios institucionales (introducir la reelección, moldear las cortes constitucionales o los tribunales de justicia, controlar a los medios de comunicación, etc.): gobierno dividido, vacío de poder y alto apoyo popular.[17]

Primero, gobierno dividido. Cuando un gobierno no tiene mayoría parlamentaria para impulsar su agenda podría verse tentado a cambiar la distribución de poder para conseguirlo. Surge una tensión inicial, ya que esa falta de mayoría impediría también el cambio institucional. En Venezuela (1999) o en Ecuador (2007) esto se consiguió por la vía de la convocatoria a una asamblea constituyente para aprobar una nueva constitución. Ambos casos se dan sin acuerdo con sus oposiciones y en un marco de disputa por la legalidad.[18] Cuando el presidente Carlos Saúl Menem quiso apostar por la reelección, se planteó una estrategia similar, y llegó a firmar el decreto de convocatoria de una consulta popular. Sin embargo, la reacción de la Unión Cívica Radical liderada por el expresidente Raúl Alfonsín condujo a una vía negociada que facilitó el cambio constitucional a partir del acuerdo. Una prueba más de la institucionalización precaria pero persistente y del peso de las instituciones en el país.

La segunda hipótesis refiere al vacío de poder que se produce especialmente cuando hay debilidad institucional y los partidos tradicionales pierden peso o incluso colapsan. Eso facilita el avance de la agenda de cambio de los liderazgos populistas. Sería lo que ocurre en El Salvador con Nayib Bukele. Argentina está muy lejos de un escenario semejante, como ya se ha mencionado.

Finalmente, la tercera, el apoyo popular, puede tentar a los líderes populistas a llevar a cabo el cambio institucional. Perón pudo en 1949, a Cristina Fernández de Kirchner no le dan los números. Aun

---

[17] Véase Ruth, S. P. (2018), *op. cit.*

[18] Véase mi libro, Welp, Y. (2022), *The will of the people. Populism and citizens participation in Latin America*. DeGruyter. Capítulo 4.

siendo relevante su apoyo popular, no alcanza masividad. Los resultados de la investigación de Ruth-Lovell muestran escenarios complejos en que los intentos de cambiar la distribución de poder tienen más oportunidades de éxito cuando los líderes populistas consiguen explotar la mala reputación de las élites tradicionales y al mismo tiempo sostienen sus niveles de apoyo. Así, tanto legislaturas débiles como legislaturas fuertes pero muy desacreditadas pueden permitir cambiar el orden constitucional. Argentina no cumple con ninguna de las hipótesis.[19]

CFK y la construcción del poder

Volvamos atrás. No puede entenderse el surgimiento del *kirchnerismo* sin considerar la crisis del 2001. Todo pareció desvanecerse en el aire en aquel estallido y, sin embargo, la respuesta masiva fue la organización. Desde abajo, con los movimientos sociales en plena efervescencia. Por arriba, con el congreso tomando las riendas en la búsqueda de sostener la institucionalidad tras la renuncia del gobierno de De la Rúa. Después de días muy convulsos, el peronista Eduardo Duhalde, exvicepresidente con Menem y gobernador de Buenos Aires, asumió la presidencia.

En 2003 hubo elecciones y Néstor Kirchner, delfín de Duhalde, quedó segundo con un 22 % de votos. Menem, quien, como Cristina en la actualidad, tenía el piso alto y el techo muy bajo (o en otras palabras, suscita más apoyos en términos relativos pero también más

[19] Esto vale para la improbable pero posible situación de un triunfo de Javier Milei (Libertad Avanza), que no contaría ni con poder político (su partido no tendría mayoría en el congreso), ni institucional (las instituciones de control son relativamente fuertes y las fuerzas armadas no tienen peso ni le son afines), ni popular (no contaría con más de un tercio de apoyos y la situación económica hace muy improbable que pueda incrementar sus apoyos rápidamente si no resuelve problemas de gestión acuciantes).

rechazos), consiguió un 24 %. Lo que no puede obviarse es que los dos candidatos adscribían al peronismo. Sabiendo que no ganaría la segunda vuelta abandonó la competencia, buscando así deslegitimar al gobierno entrante. No ocurrió.

Kirchner supo desde un primer momento construir un proyecto político incluyente mientras se vio beneficiado por la recuperación económica y sobre todo por el *boom* de las *commodities*, que permitió el crecimiento acelerado y la entrada de dólares (esto es algo de lo que en ningún caso tendría el triunfo de un *outsider* en la actualidad). Gerchunoff y Kacef[20] señalan que fue un contexto inédito y que no volvería a repetirse en la confluencia de intereses que siempre habían funcionado con agendas antagónicas. Esto es clave también para entender la deriva posterior, en Argentina y comparando con otros casos contemporáneos. A mediados de 2000 hubo un período de bonanza económica que permitió distribuir (con menor redistribución de la que se anunció) y escasa conflictividad social. Las cosas nunca volverían a ser así en las décadas siguientes, de menor acceso a recursos y mayor conflictividad.

Todavía en 2007 la bonanza y el gran pacto social permitieron a Cristina Fernández de Kirchner ganar la presidencia en primera vuelta. La idea, muchos especularon, era competir por el ejecutivo de forma alternada en el matrimonio presidencial. La súbita muerte de Néstor en 2010 frustró esa posibilidad. En 2011, pudiendo presentarse por dos mandatos consecutivos CFK fue reelecta, otra vez en primera vuelta. La gestión del período estuvo caracterizada por políticas que tuvieron gran repercusión ya sea por sus buenos resultados (Asignación Universal por Hijo) como por la controversia que generaron (Ley de Medios). Otras significaron avances en

---

[20] Gerchunoff, P. y Kacef, O. (2016), «¿Y ahora qué hacemos?: la economía política del kirchnerismo». *Documentos de Trabajo IELAT* 87.

la agenda de derechos, como la Ley de matrimonio de parejas del mismo sexo.

Los gobiernos identificados con la marea rosa tuvieron una relación no siempre exenta de conflictos con el movimiento LGTB y el feminismo. La particularidad de Argentina en este ámbito fue la tensión entre el avance de la agenda de derechos de la diversidad sexual, con la aprobación de leyes como matrimonio igualitario e identidad de género, y los esfuerzos frustrados del feminismo por legalizar el derecho al aborto,[21] que recién consiguió discutirse en el parlamento durante el gobierno de Macri y aprobarse en la gestión de Alberto Fernández.

A diferencia de las políticas de género y sexuales, la Ley de Medios no fue impulsada dando respuesta a demandas sociales existentes, sino que fue producida por el enfrentamiento entre el gobierno y las corporaciones mediáticas. Lodola y Kitzberger muestran el cambio de relación desde una estrategia de convivencia a una de confrontación que inicia CFK.[22] Uno de sus resultados es que los simpatizantes del kirchnerismo confían menos en los medios de comunicación.

En todos los ámbitos, las narrativas confrontativas han ganado mayor peso con CFK, como muestra la obra de Camila Perochena *Cristina y la historia*. En particular destaca la apropiación del discurso de los derechos humanos, que busca negar o ignorar el trabajo previo realizado y en particular el Juicio a las Juntas, en 1984.[23]

---

[21] Véase Tabbush, C., Díaz, M., Trebisacce, C. y Keller, V. (2016), «Matrimônio igualitário, identidade de gênero e disputas pelo direito ao aborto na Argentina. A política sexual durante o kirchnerismo (2003-2015)», *Sexualidad, Salud y Sociedad - Revista Latinoamericana*, pp. 22-55.

[22] Lodola, Germán y Kitzberger, Philip. (2017), «Politización y confianza en los medios de comunicación: Argentina durante el kirchnerismo». *Revista de Ciencia Política* (Santiago), 37(3), pp. 635-658. https://dx.doi.org/10.4067/S0718-090X2017000300635

[23] Gerchunof, P. *Planisferio invertido*.

Un efecto negativo de estas dinámicas polarizantes ha sido el *partidizar* lo que antes habían sido acuerdos. Pasa tanto con la política de derechos humanos como con el rol del Estado y las ayudas sociales. Los planes sociales (unos 140 de distinto tipo, según Forbes Argentina en julio 2022, a los que se destinarían unos 300 millones de pesos y beneficiarían a más de la mitad de la población en distintas formas) dan cuenta de un clivaje en la sociedad. Algunas encuestas registran el profundo rechazo a estos de la mayoría de la población (según Zubán y Córdoba, un 63 % cree que hay que recortarlos).

En cuanto a la relación con los sindicatos, la gestión de CFK no mantuvo los consensos del período anterior y comenzaron las disputas, en particular con liderazgos como el de Hugo Moyano (líder del sindicato de camioneros, dirigente deportivo, exsecretario general de la Confederación General del Trabajo y exdiputado). Aun así, se mantuvo la política de representación de sindicatos por actividad sin reconocer la personería a la CTA y criminalizando la acción de los sindicatos más combativos.[24]

Para el siguiente ciclo electoral, la presidenta enfrentó el dilema de la sucesión. El Frente de Todos fue liderado por Daniel Scioli, con un apoyo no siempre claro de CFK, lo que en alguna medida explicaría la derrota frente a Mauricio Macri en 2015. No puede obviarse que esta vez la oposición había conformado un gran frente que permitió sumar fuerzas, con el PRO y el radicalismo. Ese gobierno no consiguió sus objetivos principales de estabilizar la moneda o incrementar el crecimiento económico ni mucho menos el bienestar social (la pobreza volvió a repuntar durante el período, también el endeudamiento), pero rompió un hechizo: ningún gobierno no peronista conseguía completar su mandato desde que lo hiciera Marcelo T. de

---

[24] Véase Marticorena, C. (2015). «Avances en el estudio de la relación entre sindicalismo y kirchnerismo». *Sociohistorica*, (36). Recuperado de http://www.sociohistorica.fahce.unlp.edu.ar/article/view/SH2015n36a04

Alvear el 12 de octubre de 1928. Macri lo hizo, y tras ser derrotado en las elecciones, en diciembre de 2019 entregó el mando a la fórmula encabezada por Alberto Fernández y CFK.

CFK había diseñado esta vez una estrategia alternativa. Consciente de su poder y de los límites de este, seleccionó a su presidente y compitió como vicepresidenta. Desde entonces se ubica en el gobierno. La estrategia sigue siendo la de la confrontación, con cada vez más fuentes de conflicto (con el propio gobierno, con sectores del sindicalismo y también de los movimientos sociales) y mayor cerramiento sobre la organización creada por el kirchnerismo y liderada por su hijo, la Cámpora. A esto se agrega el crecimiento de un partido alternativo, libertario y altamente personalista, la Libertad Avanza, que amenaza con desestabilizar este sistema de contención.

Reflexiones finales

En Argentina, la institucionalidad democrática, aun con todas sus limitaciones, ha garantizado que las elecciones sean libres y justas y se perciban como tales, que el sistema electoral permita la distribución del poder con relativa proporcionalidad y también incentive la agrupación de preferencias (evitando la dispersión excesiva de votos y proliferación de partidos como ha ocurrido en otros países de la región, Perú en particular).

A su vez, el sistema electoral, combinado con el voto obligatorio y la polarización incipiente funcionan aportando incentivos para sostener una competencia partidaria en dos polos. Para julio de 2022, el 75 % de la ciudadanía argentina pensaba que la situación institucional del país era frágil y que iba en la dirección incorrecta, pero a la vez el 70 % sostuvo que Alberto Fernández debía terminar su mandato, y una mayoría se expresó en desacuerdo frente a la idea de incrementar la intervención de las Fuerzas Armadas (Datos de Zubán y Cordóba). Encuestas posteriores han seguido mostrando estas dinámicas a pesar de la creciente polarización. Una amplia mayoría de la población piensa que se necesitan cambios pero estos deben ser graduales y negociados y no de *shock* y unilaterales (Zubán y Córdoba, encuesta de mayo, 2023).

La democracia no está en peligro en Argentina, pero la institucionalidad conseguida no permite avanzar en la democratización. Se impiden los retrocesos autoritarios, pero esto podría tener un límite en el mediano plazo. El liderazgo de Cristina Fernández de Kirchner ha impulsado unas dinámicas de competencia política que, por un lado, se basan en las redes clientelares preexistentes que evitan el estallido social (aportando una especial forma de canalizar conflictos en lo que se define como campo popular) y, por otro, incentivan tanto la oferta como la demanda política de la oposición. La profundización de la crisis económica hace cada vez menos viable esta estructura de contención: el Estado se queda sin recursos y la pobreza aumenta.

La «contención» es lo que caracteriza de forma excepcional al populismo en la Argentina del siglo XXI; este contiene y modela la política mientras es contenido por esta y por una institucionalidad que previene la concentración de poder dentro del partido y las derivas autoritarias en el sistema. El populismo contiene la política y es contenido por la institucionalidad. Pero ¿por cuánto tiempo más, si no se mejora la gobernanza?

2

Populismo y plurinacionalidad en Bolivia, ¿complementariedad o divergencia?

María Teresa Zegada Claure

G ran parte de los gobiernos de la denominada «marea rosa» que se instalaron en la región latinoamericana desde inicios de este siglo, tuvo como componente central un discurso populista asociado al denominado «socialismo del siglo XXI», a la revolución y el cambio social, al predominio de lo popular, a la inclusión social y, en la mayoría de los casos, a liderazgos personalistas y carismáticos.

Esta retórica rememoró a los gobiernos que transformaron la realidad económica, social y política de mediados del siglo XX, protagonizados por personajes como Juan Domingo Perón en Argentina, Getulio Vargas en Brasil, Lázaro Cárdenas en México o en Bolivia el Movimiento Nacionalista Revolucionario que promovió la Revolución Nacional de 1952.

Años después, diversos autores latinoamericanos sentaron las bases de análisis y discusión sobre el fenómeno del populismo, poniendo énfasis, por una parte, en la movilización social y, por otra, en los regímenes de Estado. Gino Germani advertía cómo los movimientos nacional-populares con gran ímpetu revolucionario terminaron sometidos a gobiernos o a líderes populistas. Torcuato Di Tella, por su parte, ponía acento en las características de las élites que dirigieron estos procesos de lucha contra las oligarquías decimonónicas, y otros autores como Graciarena, quién enfatizó en el contenido ideológico del populismo; por su parte, Octavio Ianni analizó el populismo a la luz de la lucha de clases.

En todo caso, los procesos sociopolíticos vinculados al populismo correspondieron a una etapa histórica determinada. En ese sentido, existe coincidencia en establecer al menos tres olas del populismo en América Latina: la primera ubicada entre los años treinta y cincuenta del siglo XX con los liderazgos de Perón, Haya de la Torre y otros a los que nos referimos anteriormente; la segunda denominada el *populismo neoliberal* o *neopopulismo* durante los noventa, con presidentes como Collor de Melo en Brasil, Menem en Argentina o Fujimori en Perú, fuertemente caracterizados por la demagogia de raigambre neoliberal y conservadora, y contaminados por la corrupción; por último, los llamados *populismos progresistas* del siglo XXI, que se iniciaron con Chávez, seguidos por Evo Morales, Correa, Bolsonaro y AMLO, entre otros, de distinta orientación ideológica pero con estilos de gestión y liderazgo bastante parecidos.

Como veremos a lo largo del texto, el concepto de «populismo» se mueve en un espacio ambiguo de discusión, con una fuerte carga político ideológica, que en unos casos busca enaltecer el discurso nacional popular fuertemente impulsado por la ola revolucionaria de mediados de siglo pasado, y en otros desacreditar a cuanto gobierno o líder coincida con rasgos relacionados con el populismo, sobre todo cuando se vincula con la palabra *democracia*.

Para comprender mejor el alcance de este fenómeno, incorporamos una premisa que proviene del ámbito sociológico y que recomienda no solamente analizar los acontecimientos, actores y procesos societales, sino también poner especial atención en los universos discursivos y simbólicos, y en los imaginarios instalados en la sociedad, cuyo impacto suele ser tan o más relevante que un fenómeno concreto.

En ese sentido, la hipótesis central del presente ensayo es que el populismo como discurso está fuertemente presente en la política del siglo XXI, debido a que un conjunto de líderes de izquierda, e incluso de derecha, recurren a dispositivos discursivos y simbólicos para obtener el apoyo del «pueblo». Dichos recursos discursivos, que resultaron eficaces a mediados del siglo XX, son instrumentalizados en el presente, tanto para acceder al poder como para permanecer en él, pues se conectan con imaginarios sociales expectantes de un cambio social. Sin embargo, lejos de lograr recrear los escenarios del pasado, los populismos del siglo XXI revelan rápidamente sus limitaciones, pues suceden en contextos por completo distintos a los del siglo pasado, fuertemente influenciados por la expansión de la globalización económica y tecnológica en proceso de redefinición, la crisis ambiental planetaria, la emergencia de nuevas diversidades y formas de sociabilidad e interacción entre ciudadanos y los derechos ancestrales relacionados con las identidades culturales.

Por tanto, se generan en mayor o menor grado, tensiones internas entre los discursos populistas de los líderes y la gobernanza a lo largo de la gestión gubernamental, precipitando su desgaste y sustitución a través de procesos electorales, o desembocando, en su caso, en la prolongación forzada de gestiones de gobierno con tintes autoritarios, por lo que la relación del populismo con la democracia resulta cada vez más deteriorada y cuestionada.

El caso boliviano

En el caso concreto de Bolivia, la situación es aún más compleja debido a la histórica politización de la sociedad, al papel protagónico de los movimientos sociales y a la noción de plurinacionalidad por la que los pueblos indígenas lucharon hasta lograr su incorporación en

41

la nueva Constitución. En ese marco, se suscitan una serie de contradicciones internas entre el respeto a los derechos de los pueblos indígenas y sus territorios protegidos, y las políticas desarrollistas y extractivistas implantadas durante la gestión del MAS.

Por otra parte, resulta compleja la administración de Estado debido a la composición y legitimidad de origen del partido de gobierno (MAS), fuertemente anclado en sindicatos campesinos; y, aunque el partido goza de una representación casi monopólica de lo popular como factor de cohesión, al mismo tiempo contiene las identidades particulares de los pueblos indígenas.

Finalmente, su relación con la democracia reviste características complejas debido a la preexistencia de múltiples formas de democracia que conviven y están consagradas en la CPE, que el poder reconoce selectivamente en función a sus intereses, alejando la noción de interculturalidad que es, sin embargo, el pilar fundamental del nuevo Estado.

Breves apuntes conceptuales acerca del populismo

El concepto de populismo es depositario de un amplio debate y ha dado lugar a posiciones diversas, algunas de ellas incluso confrontadas. Una revisión rápida de estas miradas, que no corresponde profundizar aquí, conduce a afirmar que, a lo largo de estas últimas décadas, lejos de irse consolidando un único concepto sobre el populismo, este se ha ido diluyendo y vaciando de contenido y cargándose de adjetivos calificativos.

No obstante, la existencia de ciertas coincidencias entre los autores da pie al intento de construir una definición minimalista de populismo, que constituye un marco de referencia para el análisis. Esta definición contiene al menos las siguientes características:

- La conducción del proceso por parte de un líder proclamado como la encarnación del pueblo, un personaje o caudillo carismático, acompañado de un partido político o un grupo social.

- La presencia del «pueblo» o una intensa movilización de masas, que sostienen al líder o al régimen y que contiene una carga axiológica particular de acuerdo a la cual el pueblo es «bueno» y «virtuoso», y en él se concentran las virtudes y se borran las diferencias internas.

- Un discurso político articulado alrededor de un significante vacío que tiene la capacidad de abarcar a varias identidades políticas y sociales en una cadena de equivalencias, y cuyo impacto es hegemónico. Estos discursos están fuertemente acompañados de un componente emocional.

- La construcción de una frontera entre «amigos» y «enemigos» que genera un necesario antagonismo funcional a la acumulación de poder del partido o del gobierno, lo que resulta útil tanto para el acceso como para la permanencia en el poder. Este constructo antagonizante va acompañado de procesos de autoidentificación: «yo» el pueblo (bueno) versus «el otro» (la élite mala) a la cual hay que aniquilar.

- Los populismos en función de gobierno suelen tener ambiciones refundacionistas o fundacionales, por lo que en muchos casos las tomas del poder son seguidas de procesos constituyentes, que marcan el devenir de un nuevo Estado para diferenciarse del anterior.

- Los denominados *gobiernos populistas* impulsan políticas estatistas y desarrollistas para garantizar la acumulación de recursos públicos para la consecuente redistribución mediante políticas de corte social, con el fin de sostener su legitimidad y garantizar el apoyo popular.

Después de esta breve enumeración de rasgos de los populismos del siglo XX, la pregunta es si este conjunto de elementos se puede asociar a los populismos del siglo XXI y, en nuestro caso concreto, al gobierno del MAS en Bolivia.

Para ello, nos circunscribiremos al análisis de tres variables explicativas que, en el caso boliviano, consideramos son reveladoras del comportamiento de un gobierno que monopoliza la representación de «lo popular» y permanece más de 15 años en el poder.

Los dilemas del Estado Plurinacional

Entre 2006 y 2008, se llevó a cabo una Asamblea Constituyente con un fuerte sello «refundacional», en la que participaron representantes de partidos políticos junto a líderes campesinos, indígenas y sectores populares. Después de casi doscientos años de historia, se cambió el denominativo Estado Republicano a Estado Plurinacional.

Este momento constitutivo de la plurinacionalidad se contrapone al ideal integracionista del Estado Nación que plantearon los populismos del siglo XX. La noción de Estado Plurinacional es inconsistente con la idea de nación, pues esta se basa en la constitución de un sujeto homogéneo, el «pueblo», que por naturaleza es virtuoso y pretende ser la base de la integración nacional; en cambio, la plurinacionalidad está anclada en la heterogeneidad, la diversidad y el reconocimiento de particularismos.

El artículo primero de la CPE establece: «Bolivia se constituye en un Estado Unitario Social de Derecho *Plurinacional Comunitario*, libre, independiente, soberano, democrático, *intercultural,* descentralizado y con autonomías».

Al mismo tiempo reconoce el pluralismo político, económico, jurídico, cultural y lingüístico. El artículo 2 añade: «Dada la existencia precolonial de las naciones y pueblos indígena originario campesinos y su dominio ancestral sobre sus territorios, se garantiza su *libre determinación* en el marco de la unidad del Estado, que consiste en su derecho a la autonomía, al *autogobierno*, a su cultura, al reconocimiento de sus instituciones y a la consolidación de sus entidades territoriales, conforme a esta Constitución y la ley», aunque, como menciona la propia normativa, se perfila dentro el proceso integrador del país.

De hecho, el antiguo modelo integracionista del siglo XX es de alguna manera redefinido, ya que los pueblos indígenas aspiran a «integrarse» en la «sociedad mayor» (no ya en el Estado Nación), desde la afirmación de su identidad como pueblos.

Estas ideas expuestas en la CPE han alentado a los pueblos indígenas a continuar en la lucha histórica por sus reivindicaciones y derechos, más aún en el marco de gobierno que los dice representar; no obstante, el partido de gobierno ha mostrado una posición contraria a las luchas indígenas, priorizando otras decisiones, como la consolidación de un modelo desarrollista, extractivista y en muchos casos depredador del medioambiente, para lograr mayores excedentes, mantener la estabilidad económica y obtener una mayor capacidad redistributiva. Esta lógica ha terminado colisionando con los pueblos indígenas y con la filosofía del Vivir Bien.

De la mano de esta priorización de políticas estatales, está la construcción de alianzas instrumentales con las clases dominantes tradicionales, que se realizaron una vez consolidada la hegemonía político electoral del MAS, es decir, en la segunda gestión de gobierno. Como afirma Salazar (2022),[1] el gobierno del MAS no aniquiló a la clase dominante; al contrario, hizo acuerdos con estos sectores, en

---

[1] Salazar, Huascar (2022). «Las condiciones para la crisis política de 2019 en Bolivia: Una mirada crítica más allá de la estéril polarización» en Claros-Díaz (comp.), *Crisis política en Bolivia*. La Paz: R. Luxemburg Stiftung - Plural Eds.

particular con la agroindustria cruceña dedicada a la producción y exportación de soya, permitió la intensificación de la exploración y explotación hidrocarburífera y gasífera con empresas transnacionales, y asimismo alentó la producción minera, incluso transgrediendo el derecho a la consulta previa a los pueblos indígenas establecido en la Constitución.

Si bien al principio se generó un escenario de disputa entre el MAS y los sectores dominantes cívico-empresariales del oriente boliviano, denominados por el nuevo gobierno como «la oligarquía», años más tarde, contrariamente a la línea inicial de demarcación amigo-enemigo, se generaron acuerdos de mutua conveniencia con la ideología neoliberal, por lo que la disputa de poder se redujo a una retórica funcional a las necesidades políticas del partido gobernante.

De manera paralela, estas decisiones políticas han significado un quiebre con la matriz indígena originaria del presidente boliviano, de los pueblos indígenas que lo acompañaron, y a quienes con orgullo se refería como la «reserva moral de la humanidad». Una reciente declaración de un dirigente indígena del Territorio Indígena Multiétnico (TIM) enunciada el 2020 refleja claramente esta contradicción cuando afirmaba: «Hemos resistido a la invasión colonial, a la República, hoy nos toca resistir a este Estado falso Plurinacional. ¡Sin las Naciones Originarias no hay Estado Plurinacional!»,[2] concluía frente a la desatención a las demandas reiteradas de los pueblos indígenas y el irrespeto a sus derechos. En ese sentido, el MAS incumple con las ofertas discursivas y con el respeto a la Constitución que él mismo implantó.

Claramente, respecto al Estado Plurinacional, el MAS cae en la retórica refundacional de exaltación de lo popular, lo indígena, la lucha contra la oligarquía y un desarrollo plural; sin embargo, la

---

[2] Erbol, 27 de noviembre de 2020.

realidad revela las contradicciones y tensiones internas en la gestión de gobierno.

Las características del «sujeto revolucionario»

El Movimiento al Socialismo es un partido con rasgos atípicos, debido a que proviene del montaje de la forma partido sobre organizaciones sindicales previamente existentes; es decir, fue creado como instrumento político de los sindicatos y organizaciones campesinas e indígenas de Bolivia[3] en los noventa para poder participar de manera directa y sin mediaciones en las elecciones municipales y generales. Por tanto, los códigos de interacción y funcionamiento interno están fuertemente vinculados con los formatos sindicales como, por ejemplo, el tipo de estructura jerárquica, la relación de mando y obediencia con y desde las bases, el control interno a los militantes de la organización, los sistemas de rendición de cuentas, así como una relación de lealtad orgánica de las bases sociales con el líder principal, quien más adelante fue presidente del Estado.

También apoyaron la fundación y desarrollo del MAS dos organizaciones de pueblos indígenas que aglutinan tanto al oriente como al occidente de Bolivia, la Conamaq y la CIDOB, que buscaban objetivos propios como la defensa de sus derechos a las tierras comunitarias, el respeto a sus tradiciones y costumbres, y un trato equitativo a nivel estatal.

De hecho, la autoidentificación indígena le otorgó contenido social y político al discurso de Evo Morales como «el primer presidente indígena de Bolivia», junto a un conjunto de artefactos simbólicos y

---

[3] Las organizaciones fundadoras de MAS-IPSP son la Confederación Sindical Única de Trabajadores Campesinos de Bolivia, la Confederación Sindical de Colonizadores de Bolivia y la Confederación de Mujeres Campesinas Bartolina Sisa.

discursivos que daban cuenta de esta vinculación a la matriz indígena/originaria.

La llegada del MAS al poder complejizó el escenario de representación por su carácter «etnopopular», «etnonacionalista» o «popular con rostro indígena»; pues si bien el apoyo social se articuló alrededor de un significante vacío como el «proceso de cambio», dio énfasis al discurso identitario.

Durante la gestión, la superposición de tres dimensiones organizativas —Estado, partido y sindicato— alejó al gobierno de los indígenas y de otros sectores sociales del país como las clases medias o sectores urbanos. De hecho, Evo Morales sintetizaba esta combinación, pues durante 14 años fungió al mismo tiempo como presidente del Estado, jefe del partido MAS-IPSP y a la vez presidente de las Seis Federaciones de Campesinos del Trópico de Cochabamba (cocaleros). De ahí que el discurso indigenista quedó confinado al plano de la retórica, y se priorizó el proyecto político y de poder.

Sin embargo, la estabilidad política del partido de gobierno se desmoronó años después debido a la decisión intransigente de postular al presidente Morales como candidato a su tercera reelección para los comicios generales de 2019, dando inicio no solo a una de las crisis políticas más profundas que sacudió al país (precipitando su renuncia y la posesión de un gobierno transitorio), sino que además significó un quiebre en las filas del MAS entre fracciones aparentemente irreconciliables. En este sentido, la diferencia con los partidos populistas del pasado está en su identidad compuesta y selectiva, y en la tensión interna entre los intereses de sus bases y los intereses del partido.

El caudillo sustituible

Evo Morales es un líder de origen campesino, que proviene de una amplia trayectoria sindical (cocalera). Se erigió como caudillo político frente al desmoronamiento de los partidos tradicionales y la expectativa de un cambio social en el país, apelando al mismo tiempo a su identidad («Evo soy yo») para convocar a sectores empobrecidos y discriminados.

Años más tarde, el partido de gobierno, convencido de que no podía lograr una victoria electoral sin el caudillo-presidente, ensayó diversas estrategias prorroguistas para habilitar su cuarta elección consecutiva. La primera fue la convocatoria a un referéndum en 2016 para la modificación del artículo 168 de la CPE, que dispone que el período de mandato del presidente y vicepresidente es de cinco años, y que estos pueden ser reelectos de manera continua una sola vez. Contra todo cálculo político, el resultado de la consulta rechazó la modificación de la CPE.

Desoyendo la voluntad popular expresada en el voto, al año siguiente (2017) un grupo de legisladores de ese partido presentó una Acción de Inconstitucionalidad Abstracta al Tribunal Constitucional Plurinacional, días antes de la culminación del mandato de las autoridades judiciales. Los magistrados salientes sorprendieron al país con la aprobación de la Sentencia Constitucional 0084/2017, que habilitaba al presidente Evo Morales, al vicepresidente Álvaro García Linera y a otras autoridades electas para volver a postularse de manera indefinida, argumentando que se basaban en la defensa de un derecho humano definido en el artículo 23 de la Convención Americana de Derechos Humanos (CADH) o «Pacto de San José de Costa Rica».[4]

---

[4] Cinco años después del pronunciamiento forzado del TCP en favor de Evo Morales (en agosto de 2021) a raíz de una consulta específica que se realizó sobre el caso boliviano, la Convención Americana de Derechos Humanos se pronunció asegurando que esta interpretación no fue correcta y que el derecho a la reelección NO es un derecho humano.

De esa manera, el MAS consolidó la cuarta postulación de Morales para las elecciones generales de octubre de 2019. La elección fue cuestionada por sus irregularidades y derivó en un estallido social de grandes proporciones, la renuncia de Morales y el paso del mando a un gobierno transitorio opositor al MAS. Un año después se repitieron las elecciones, esta vez con un Órgano Electoral renovado, en las que resultó ganador nuevamente el MAS, pero esta vez con un candidato alternativo: Luis Arce Catacora.

Estos hechos ratificaron que el partido mantiene el apoyo popular frente a una oposición fragmentada y debilitada. Y, sobre todo, que el partido trasciende el liderazgo caudillista de Morales.

Democracia y populismo: una combinación difícil

En América Latina, el debate sobre la relación entre democracia y populismo está lejos de agotarse. Carlos de la Torre (2013)[5] identifica a Venezuela, Bolivia y Ecuador como fenómenos populistas refundacionales, pues argumenta que irrumpieron en la escena política sobre la base de promesas democratizadoras que derivan gradualmente en prácticas autoritarias erosivas de la frágil institucionalidad democrática.

El autor concluye que el populismo refundador recurre a las elecciones y las utiliza para crear un nuevo bloque hegemónico y de esa manera desplazar a los partidos políticos opositores del escenario. Rosanvallón (2020),[6] por su parte, critica al populismo, entre otras cosas porque parte de una posición en la que el sujeto *pueblo* se polariza frente a las «élites», es «verdadero», unificado, preexisten-

---

[5] De la Torre, Carlos (2013), «El populismo latinoamericano entre la democratización y el autoritarismo» en *Revista Nueva Sociedad,* núm. 247.
[6] Rosanvallón, Pierre (2020), *El siglo de populismo.* España: Ed. Galaxia Gutenberg.

te y con intereses comunes frente al otro que es demonizado como enemigo.

Además, Rosanvallón critica la figura del líder como encarnación del hombre-pueblo. Desde su punto de vista, este tipo de populismos conducen a dictaduras, a lo que denomina «democraduras», utilizando las normas, es decir, se convierten «en una dictadura de los elegidos y eso pasa con mucha frecuencia gracias a un artilugio ultra simple: la modificación de la Constitución para poder renovar los mandatos presidenciales *ad infinitum*».[7]

Rosanvallón reivindica una visión de la democracia ligada al ciudadano activo, a la participación permanente, amplia y «multiplicada», y apuesta a la vigencia de instituciones sólidas. Concluye cuestionando el reduccionismo populista, ya sea de izquierda o de derecha.

Stoessel,[8] por su parte, a partir del estudio de los gobiernos del ciclo posneoliberal, concluye que existen dos aspectos que suscitan controversias: el carácter democrático de los procesos políticos alineados a la nueva izquierda contemporánea y la potencialidad que revisten para lograr una real transformación en sus respectivos países. En consecuencia, la nueva izquierda se diferenciaría respecto a las viejas izquierdas del siglo XX por la distinta calidad del vínculo con la democracia. La autora ensaya una clasificación de los gobiernos progresistas de izquierda, calificando a unos como «gobiernos socialdemócratas» frente a otros denominados «(neo)populistas radicales», o la dicotomía entre los «racionales-gradualistas» versus los «populistas-rupturistas».

---

[7] Entrevista en *La Nación* a propósito de su libro. Ver: https://www.lanacion.com.ar/opinion/pierre-rosanvallon-los-populismos-pueden-convertirse-en-dictaduras-de-los-elegidosnota-de-tapabiografiaa-nid2403151/

[8] Stoessel, Soledad (2014), «Giro a la izquierda en América Latina» en *Polís, Revista Latinoamericana*, vol. 13, núm. 39.

Por su parte, Steven Levitsky y James Loxton[9] advierten sobre el peligro de las derivas autoritarias de estos regímenes en el siglo XXI y revelan una difícil convivencia con la democracia liberal. En todo caso, dentro de las opciones «populistas» parece predominar un péndulo entre los gobiernos neodesarrollistas o neoestatistas y los neoliberales conservadores como Bolsonaro o Lasso.

En cambio, Ernesto Laclau[10] refuta los cuestionamientos al populismo y sostiene que «el populismo garantiza la democracia [...], el populismo no tiene un contenido específico, es una forma de pensar las identidades sociales, un modo de articular demandas dispersas, una manera de construir lo político». En otras palabras, es «una lógica política, un discurso que constituye sujetos».

Finalmente, desde una postura conceptual radical, Benjamín Arditi[11] afirma que el concepto de *populismo* no solo es polisémico, sino que carece de capacidad explicativa; por tanto, «el populismo no existe», ya que, al significar tantas cosas, acaba por no significar nada, pues se ha vaciado de sentido debido al intenso uso discursivo y multifuncional.

Intentando cotejar este conjunto de aproximaciones conceptuales con la situación boliviana, nos percatamos, en primer lugar, de que Bolivia es un país con características sociológicas heterogéneas y diversas. Como diría Zavaleta, es un país abigarrado[12] y con un alto grado de politización, si consideramos la trayectoria de las organizaciones históricas como la Central Obrera Boliviana o el movimiento

9 Levitsky, S. y Loxton, J. (2019). «Populism and competitive authoritarianism in Latin America», en: La Torre, C. (ed.), *The Routledge International Handbook of Global Populism*. Nueva York: Routledge.

10 Laclau, Ernesto (2005). *La razón populista*. Buenos Aires: FCE.

11 Arditi, Benjamín, «El populismo y otros conceptos». Conferencia UNAM, 2021. Véase https://www.youtube.com/watch?v=5tAvk7rSCic

12 El concepto de sociedad abigarrada refiere a Zavaleta, René (1983). *Las masas en noviembre*. La Paz: Ed. Juventud.

campesino y, en menor medida, los sectores vecinales y cívicos, que han definido la historia en momentos críticos mediante su actuación política y contrahegemónica en las calles.

Si bien, al igual que en otros contextos, la democracia electoral instaurada en el período posdictatorial a principios de los ochenta naufragó veinte años después debido a su escasa capacidad representativa, fue capaz de construir un conjunto de instituciones que son condición imprescindible para su funcionamiento y que luego fueron ratificadas y ampliadas en la nueva Constitución aprobada en 2009 en el marco de la denominada «democracia intercultural».

Sin embargo, el análisis del populismo en realidades históricas concretas nos lleva a ratificar que, en el caso de los populismos del siglo XXI, el respeto a la institucionalidad democrática y el cumplimiento de la ley pasan a un segundo plano, puesto que se priorizan formas democráticas participativas como las asambleas, los cabildos, «el mandar obedeciendo» y los consejos o comunas populares, entre otros, además de la movilización abierta en las calles.

Por otra parte, a diferencia de otros países, la democracia boliviana está constitucionalmente definida como intercultural, es decir, involucra la convivencia o complementariedad de distintas formas de democracia preexistentes (representativa, participativa y comunitaria), que en los hechos no tienen por qué ser mutuamente excluyentes.

No obstante, el resultado es que los proyectos de poder terminan imponiéndose a la normativa y a las voces autónomas de la sociedad. Ello implica la subordinación de sectores afines, y la exclusión y aplicación de diversos tipos de sanción a las voces disidentes.

En otras palabras, se trata, por una parte, de relaciones marcadas por formas de clientelismo o neoclientelismo con sectores afines (intercambio económico, social o simbólico/ideológico a cambio de apoyo político), utilizando los beneficios del poder; y, por otra, de la judicialización de la política contra opositores o contra quienes disienten con el poder constituido mediante el uso parcializado de las instancias judiciales, que están muy lejos de ser independientes. Estas prácticas se han convertido en una de las grandes amenazas que erosionan las bases de la construcción democrática, junto al centralismo burocrático.

En definitiva, podríamos afirmar que en Bolivia, como en otros países, el discurso —la retórica— populista es altamente eficaz, en la medida en que se conecta directamente con el imaginario de malestar y expectativas sociales insatisfechas, y opera como significante vacío; no obstante, en los hechos, como se ha observado en la gestión social y política del gobierno del MAS, es erosionado permanentemente por sus propias contradicciones internas, las pulsiones autoritarias, el irrespeto a la Constitución refundacional y su difícil convivencia con las heterogeneidades y diversidades sociales.

3

La excepcionalidad chilena

Daniel Matamala

«En medio de esta América Latina convulsionada veamos a Chile, nuestro país, es un verdadero oasis con una democracia estable». Quien hablaba, en uno de los programas matinales de mayor audiencia de la televisión chilena, era el presidente Sebastián Piñera. Corría el 7 de octubre de 2019, y él no sospechaba que estaba en marcha la cuenta regresiva para el mayor estallido social en décadas.

«Argentina y Paraguay en recesión, México y Brasil estancados, Bolivia y Perú con una crisis política muy grande. Colombia, con este resurgimiento de las FARC y de las guerrillas», enumeraba Piñera, con nulo tacto diplomático, para explicar cómo este Chile estable, de instituciones fuertes y ciudadanos tranquilos, escapaba del triste destino del «barrio», ese término peyorativo con el que la élite chilena suele referirse a los vecinos latinoamericanos, como quien se lamenta de una situación geográfica que no se condice con la realidad de un país próspero y ordenado.

Esta idea de la «excepcionalidad chilena», del «buen país en un mal barrio», tiene larga historia. En el siglo XIX, una de las colonias más pobres de la Corona española logró, ya como país independiente, una estabilidad poco frecuente en la región. Entre 1831 y 1891, los presidentes se sucedieron de acuerdo con normas institucionales, con un Congreso en funciones y sin golpes de Estado ni revoluciones exitosas. Tras la breve Guerra Civil de 1891, el derrotero institucional volvió a imponerse hasta 1924 y, tras un período de inestabilidad, de nuevo entre 1932 y 1973.

«La representación de Chile como un país excepcional, en el contexto latinoamericano, con respecto a su desarrollo político institucional ha sido un lugar común para la historiografía liberal y conservadora chilena del XIX y XX», dice Hugo Cancino.[1] «En el contexto de este relato, se exalta la robustez del Estado nacional portaliano, la capacidad dirigente de la élite oligárquica para construir alianzas, consensos y evitar así las crisis institucionales».

Una élite uniforme y endogámica, con intereses similares, centrada en la capital, Santiago, y unida por lazos de parentesco, ayudó a que las diferencias se manejaran dentro de la institucionalidad. Tempranamente surgieron las familias políticas conservadoras y liberales, que se articularon como los partidos políticos de la aristocracia, con un énfasis rural el primero, y urbano el segundo. La emergencia de la clase media encontró su lugar en el Partido Radical y, ya en el siglo XX, la irrupción de los sectores proletarios se articuló en torno al Partido Socialista y el Partido Comunista. Una escisión de la rama juvenil de los conservadores dio origen a la Democracia Cristiana, asentada como competidora de la izquierda en las clases medias y populares.

La fortaleza de los partidos políticos fue el antídoto chileno contra el auge del populismo latinoamericano. Los partidos desarrollaron fuertes raíces en el tejido social. Los conservadores eran fuertes en sectores rurales y entre los católicos. Los liberales entroncaron

---

[1] «Experiencias nacional-populares en Chile en el siglo XX», *Sociedad y Discurso*, núm. 15, 2009.

con el empresariado, los profesionales y la burguesía urbana en general. Los radicales se hicieron fuertes en la clase media, en especial en la creciente burocracia estatal. La Democracia Cristiana disputó a los conservadores el voto rural y católico. Socialistas y comunistas se repartieron al proletariado urbano, con especial fuerza en los sindicatos y las asociaciones de estudiantes.

Además, cada uno de estos partidos tenía una fuerte formación ideológica. El marxismo era la fuente principal de interpretación del PC y el PS. Mientras, la Democracia Cristiana bebía de la doctrina social de la Iglesia, filtrada a través de Jacques Maritain.

Podríamos, así, hablar de una triple barrera al populismo en Chile: institucional, partidaria e ideológica.

Podemos entender al populismo como una «ideología delgada»,[2] que presenta la política como una lucha entre un pueblo virtuoso y una élite corrupta, y que busca saltarse las instancias de intermediación (partidos, instituciones) a través de la conexión directa entre un líder y el pueblo.

La existencia de partidos políticos ideológicos y bien conectados con el tejido social, y de una institucionalidad relativamente estable y receptiva a los anhelos populares, durante la era republicana de 1932-1973, volvió menos atractiva la alternativa populista. Si bien hubo varios líderes que coquetearon con algunos aspectos del discurso populista, ninguno de ellos llegó a encarnar el fenómeno como lo hicieron Juan Domingo Perón en Argentina o Getulio Vargas en Brasil.

Arturo Alessandri fue el primer gran líder con elementos populistas. Surgió en medio de la descomposición de la llamada «república parlamentaria» (1891-1924), un régimen desprestigiado por su

---

[2] Término de Cas Mudde y Cristóbal Rovira Kaltwasser, señalado, entre otras publicaciones, en *Populismo: una breve introducción,* (2017).

elitismo e ineficacia política. Alessandri era conocido como el León de Tarapacá, por su fiero estilo oratorio, y solía hablar de su «querida chusma» y oponerla a la «canalla dorada», la élite que impedía las reformas en beneficio del pueblo.

«Hannibal ad-portas», advertían en 1920 los conservadores en un aviso en el diario *El Mercurio*, describiendo a Alessandri como «el político que se ha paseado por el país con el programa de las envidias regionales, de los odios de clase y de las más avanzadas tendencias comunistas». Por cierto, Alessandri estaba muy lejos de ser comunista. Fue tres veces Presidente de la República entre 1920 y 1938, un tumultuoso período en el que se movió entre la derecha y la izquierda, y puso fin a la república parlamentaria para consagrar un régimen presidencial en la Constitución de 1925.

El gran rival de Alessandri fue Carlos Ibáñez, un militar cuyo gobierno dictatorial, de 1927 a 1931, fortaleció al Estado e integró a una emergente clase media al ejercicio del poder político. Ibáñez buscó incesantemente volver a la presidencia, apoyándose en distintas fuerzas políticas: se alió con los *nacistas* (interpretación chilena del nazismo) en 1938, y fue el candidato de la derecha tradicional en 1942. En 1952 finalmente ganó las elecciones, apoyado en una alianza entre nacionalistas (PAL), una fracción del socialismo y un naciente Partido Femenino.

Su símbolo fue una escoba, con la que prometía «barrer» la corrupción de los políticos. En esta etapa de su vida política, Ibáñez tuvo una estrecha relación con Perón, a quien admiró e imitó en muchas de sus acciones. Según el historiador Joaquín Fernández, Ibáñez, «interpeló a la gente común, aislada de la actividad política. Invocando un lenguaje y una ritualidad política patrióticos, apeló a una cultura nacionalista común presente en el electorado chileno. De este modo intentó superar las divisiones partidistas, clasistas y religiosas de los ciudadanos y ampliar así su base de apoyo».

Este experimento populista, sin embargo, naufragó. Sin mayoría en el Congreso y afectado por una galopante inflación, Ibáñez debió apoyarse en la derecha para llevar adelante un plan económico de *shock*, que terminó en una violenta huelga general. Terminó su período en 1958, sin que hubiera ningún candidato oficialista para sucederlo, y con su base política totalmente deteriorada. Fue sucedido por el hijo del León, Jorge Alessandri, un empresario conservador, serio, austero, aburrido y ajeno a cualquier devaneo populista.

Luego siguió el gobierno del democratacristiano Eduardo Frei (1964-1970), que intentó llevar adelante una «revolución en libertad», buscando una tercera vía entre capitalismo y marxismo. Y finalmente el socialista Salvador Allende (1970-1973), al mando de la Unidad Popular. Ambas propuestas eran marcadamente ideológicas, y lejanas a los elementos clásicos del populismo.

Del jaguar al estallido

Tras la dictadura de Augusto Pinochet (1973-1990), Chile reflotó su idea de «excepcionalismo», centrado esta vez en el rápido crecimiento económico logrado bajo los gobiernos de la Concertación (1990-2010), una alianza entre la DC y el socialismo, que se habían unido para oponerse, exitosamente, a Pinochet en el plebiscito de 1988.

La Concertación ganó cuatro elecciones presidenciales seguidas, aunque debió gobernar en el marco de una democracia restringida, con Pinochet al mando del Ejército hasta 1998, un Senado parcialmente designado hasta 2006 y un sistema electoral contramayoritario hasta 2018. Todo ello la obligó a consensuar cualquier reforma con la derecha, en lo que se conoció con el eufemismo de «la democracia de los acuerdos».

La Concertación mantuvo el modelo neoliberal diseñado por Pinochet, reformado con políticas sociales para combatir la pobreza. La economía creció al ritmo de 5 % anual, la tasa de pobreza se desplomó, de 68 % a 22 %, y amplias capas de la población pasaron a formar parte de una clase media con acceso al consumo y al endeudamiento. El crecimiento se basaba en la apertura económica, con los tratados de libre comercio con Europa y Estados Unidos y la exportación de materias primas, especialmente de cobre. Era la época del «jaguar», un nombre que emulaba el rápido desarrollo de los cuatro «tigres asiáticos» (Hong Kong, Singapur, Taiwán y Corea del Sur). Otra vez, Chile escapaba simbólicamente del «barrio» latinoamericano, y también lo hacía en lo económico, al salir del Pacto Andino y mantenerse fuera del Mercosur.

Mientras los gobiernos de Menem en Argentina, Fujimori en Perú y Collor de Mello en Brasil hacían a muchos hablar de una «segunda ola populista», esta vez de corte neoliberal, Chile parecía, una vez más, inmune al fenómeno. El único intento propiamente populista fue la candidatura presidencial del empresario Francisco Javier Errázuriz, en 1989.

Errázuriz obtuvo el 15 % de los votos, con una historia que intentaba encarnar el «sueño americano». Así se presentaba en la franja electoral: «Yo empecé con mis pollitos. Me acuerdo que cada uno de ellos tenía un nombre: los Alacalufe, Amorosa, la Grande. Los cuidaba como si fueran mis hijos. Después se convirtieron en gallinero, fui comerciante ambulante, tocaba los timbres de las casas y vendía los huevos».

Luego mostraba cómo su ejemplo podía ser seguido por cualquiera que se lo propusiera. «Deseo abrir para ustedes, para ti muchacho, para usted, señora o señor, ese porvenir que ustedes también buscan. Bueno, yo lo alcancé. El camino ya lo recorrí. La senda ya la transité. Hoy quiero mostrarles ese camino para que ustedes, si ustedes lo desean, lo conquisten también», prometía el empresa-rio-candidato a sus votantes.

Un camino que, claro, para Francisco Javier Errázuriz Talavera, hijo de un senador y descendiente directo de un Presidente de la República, no es el mismo que para cualquier hijo de vecino. Errázuriz proclamaba ser de «centro-centro», y luego fundó un partido perso-nalista al que llamó «Unión de Centro-Centro», que en la práctica actuó aliado con la derecha. Con él, logró elegirse senador, mientras que su esposa fue diputada.

La chispa populista de Errázuriz no alcanzó a incendiar la pra-dera. Pero, bajo la calma, el descontento comenzaba a crecer.

El primer signo fue la apatía. Tras el fervor provocado por el plebiscito de 1988, los chilenos se fueron desconectando de la vida política. Las federaciones de estudiantes comenzaron a languidecer; los sindicatos, afectados por leyes laborales diseñadas para asfixiarlos, no recuperaron su poder de la era pre-Pinochet, y la participación electoral decayó consistentemente. En 1988, el 90 % de la pobla-ción participó en la votación. Para 2009, esa cifra había bajado a 60 %. Aunque el voto era obligatorio, los electores debían inscribirse en los registros electorales, trámite que la gran mayoría de los jóvenes que cumplieron 18 años después de 1988 decidieron no hacer. Toda una generación se autoexcluyó así de las elecciones.

La «democracia de los acuerdos» hacía fútil el juego electoral. Si todo debía consensuarse entre la derecha y la Concertación, votar daba lo mismo, y ambos grupos comenzaron a resultar cada vez más indistinguibles para la población. En 1998, un informe del Programa de las Naciones Unidas para el Desarrollo (PNUD),[3] dio la prime-ra campanada de alerta, al retratar a Chile como «un país con un

---

[3] Las paradojas de la modernización. Segundo Informe sobre el Desarrollo Humano Chile, 1998.

notable desarrollo económico, donde la gente no se siente feliz». El diagnóstico era un «malestar difuso», provocado por una «individualización asocial llevada a su extremo», en que los individuos se ven empujados a «generar proyectos de vida sin la sociedad como horizonte».

En 2010, la Concertación perdió las elecciones frente al empresario de derecha Sebastián Piñera. Billonario del listado de Forbes, Piñera sirvió como símbolo de la unión de la élite política y económica, que ya había estrechado lazos durante la era de la Concertación. Además, su gobierno carecía de los lazos con gremios, sindicatos y organizaciones estudiantiles que habían permitido a la Concertación mantener en paz el frente social. En 2011, un movimiento estudiantil derivó en la primera gran protesta posdictadura, con cientos de miles de personas manifestándose contra el rol desmedido del mercado en ámbitos como la educación y las pensiones. La «siesta» del «jaguar» había terminado.

La década de los 2010 fue de agitación creciente. Según el Centro de Estudios de Conflicto y Cohesión Social (COES), entre 2009 y 2018 se contaron 15.455 acciones de protesta, centradas especialmente en temáticas socioambientales: organizaciones locales que protestaban contra el efecto de megaproyectos hidroeléctricos, mineros o industriales.

Desencantada de la institucionalidad y lejana a los partidos políticos, la ciudadanía comenzó a organizarse de otra manera. El doctor en geografía humana Felipe Irarrázaval destaca que la sociedad chilena entró en una fase de «politización al margen de los espacios institucionales»,[4] militando en movimientos como NO+AFP (contra la privatización del sistema previsional), Patagonia Sin Represas

---

[4] Movilizaciones y discursos sobre el territorio en la última elección. Ciper, mayo, 2021: https://www.ciperchile.cl/2021/05/29/movilizaciones-y-discursos-sobre-el-territorio-en-la-ultima-eleccion/

(contra las hidroeléctricas) o No a Pascua Lama (contra un proyecto minero). En distintos puntos del país comenzaron a surgir miniestallidos de protesta contra el centralismo y las políticas extractivistas. Así ocurrió en Magallanes, Aysén, Calama, Chiloé y Freirina, entre otros lugares.

La élite fue incapaz de encauzar esta creciente energía. En 2014 volvió al poder Michelle Bachelet, al mando de una amplia coalición que iba de la DC al Partido Comunista. Sin embargo, varias de sus reformas, incluyendo un moderado proyecto de nueva Constitución, fueron bloqueadas. La frustración llevó de vuelta al poder a Piñera, quien leyó su triunfo como una demanda por la restauración de las políticas liberales. Rodeado de un grupo de ortodoxos, intentó llevar adelante una agenda de reformas pro empresariado, lo que actuó como una tapa sobre una olla en ebullición.

El 17 de octubre, el *Financial Times* publicó una entrevista a Piñera, bajo el título «Haremos todo por no caer en el populismo». Allí repetía su frase sobre el «oasis», y asimilaba el populismo con el canto de las sirenas en la *Odisea*, diciendo que seguiría el ejemplo de Ulises, quien «se ató al mástil de un barco y se puso trozos de cera en las orejas para evitar caer en la trampa».

En ese momento, grupos de estudiantes invadían el metro de Santiago, saltando los torniquetes en un acto de desobediencia masiva. Horas después, la noche del 18 de octubre, la situación se salía de control. Estaciones del metro eran incendiadas en todo Santiago, y los destrozos y saqueos se extendían por toda la ciudad. Mientras, Piñera era fotografiado comiendo pizza en el restorán Romaria.

Chile entraba a su momento populista, y en ese momento crítico, quien prometía evitarlo recordaba más a Nerón que a Ulises.

El momento populista

«El país prospera; el pueblo, aunque inmoral, es dócil», escribía en 1829 Andrés Bello. El ilustre venezolano acababa de llegar a Chile, donde se convertiría en uno de los constructores de la República, y advertía de una especie de contrato social tácito entre una élite dirigente y un pueblo dócil.

Ese contrato pareció roto en 2019. No hay una explicación fácil del porqué. Chile no enfrentaba una crisis económica particularmente grave, y el detonante de la rebelión fue fútil: un alza de treinta pesos (unos tres centavos de dólar) en la tarifa del transporte público. Lo que había ocurrido en esos años previos de protestas era más bien la deslegitimación de esa élite dirigente.

Un rol fundamental tuvieron los repetidos casos de corrupción política y empresarial. La revelación de colusiones en los mercados de las farmacias, el papel y los pollos, entre otros, socavó la fe en la economía de mercado. Fraudes como el de la empresa de retail La Polar hicieron evidente el constante abuso contra los consumidores. En 2015, los casos Penta y SQM develaron una tupida red de dineros ilegales con que grandes empresarios pagaban ilegalmente a políticos de derecha, centro e izquierda.

Lo más escandaloso fue el manto de impunidad que cubrió estos casos. Gracias a un acuerdo entre el gobierno socialista de Ricardo Lagos y los empresarios, la colusión había dejado de ser delito en Chile, por lo que sus perpetradores no enfrentaron más que módicas multas. Los políticos involucrados en el dinero ilegal llegaron a un acuerdo transversal de impunidad e instalaron como fiscal nacional a un abogado receptivo a sus intereses, que dejó morir las investigaciones. Los jerarcas de Penta, sorprendidos con abrumadora evidencia sobre evasión tributaria y desvío de dinero a políticos, sí fueron condenados... a pagar una multa y asistir a un curso sobre ética empresarial.

Este último «castigo» (las «clases de ética») se convirtió en un código resignado con el que los chilenos se condolían de la impunidad del poder.

El estallido fue una válvula de salida para ese sentimiento. El 25 de octubre, una semana después del comienzo de la protesta, cerca de un millón de chilenos se reunieron en el centro de Santiago. Una manifestación de dimensión solo comparable con el millón de personas reunidas por la concentración del No a Pinochet, en octubre de 1988.

Pero el contraste era absoluto. La de 1988 fue una manifestación convocada por los partidos políticos, con discursos de sus dirigentes y el público reunido bajo las banderas de la Democracia Cristiana, el Partido Socialista y el arcoíris de la campaña del No. Había líderes y responsables, un objetivo (derrotar a Pinochet) y una estrategia (movilizar a la ciudadanía en un plebiscito).

En cambio, la marcha del millón de 2019 no tenía nada de eso. Nadie la convocó. No hubo discursos. No había líderes, ni petitorios, ni demandas, ni banderas identificatorias. Más que un movimiento político, era el estallido de una energía. De una pulsión. El único requisito para participar en ella era sentirse parte de un pueblo que se unía contra la élite, un colectivo que se definía por oposición a lo que representa la clase dirigente.

Camisetas de clubes de futbol, símbolos de la diversidad sexual, banderas mapuches. Con el correr de los días, mientras las manifestaciones continuaban, ciertos personajes se hicieron icónicos. Dino Azulado (un corpóreo de dinosaurio), PareMan (un hombre que usaba una señal de tránsito como escudo en los choques con la policía), Sensual Spiderman (con el disfraz del Hombre Araña) o el Perro Matapacos, un can de quien se llegaron a levantar estatuas.

En vez de líderes carismáticos, el estallido chileno canonizó la figura de personas comunes, convertidas por la fuerza de las circunstancias en especies de superhéroes. Una estética alegre, ingenua y finalmente apolítica.

Los chilenos parecían llevar a la práctica el himno de Los Prisioneros, No necesitamos banderas: «Declaramos romper / de forma oficial / los lazos que no pudieron atar alguna vez / a alguna institución / o forma de representación / que nos declare parte de su total».

Y así ha sido. Hasta ahora, ningún aspirante a líder ha logrado domar a la bestia: ningún grupo o líder ha podido canalizar esa energía en su propio beneficio. Aunque intentos no han faltado.

La Lista del Pueblo: decir basta

En noviembre de 2019 los partidos políticos acordaron una válvula de escape para la presión del estallido social: la redacción de una nueva Constitución, en reemplazo de la impuesta por la dictadura de Pinochet en 1980. Ese texto había sido reformado muchas veces en democracia, pero nunca reemplazado.

En 2020, con 78 % de los votos, los ciudadanos aprobaron la redacción de una nueva Constitución, y con el 79 % de los sufragios, que la tarea estuviera a cargo de una Convención elegida por voto popular. La élite se hacía cargo de la demanda popular por sumar nuevos actores, hasta entonces invisibles, a la discusión política. La Convención sería paritaria, con escaños reservados para los pueblos indígenas, y se permitiría a los independientes formar listas para sumar sus votos, igualando sus condiciones con los partidos políticos.

Esta última norma resultó clave. Un grupo de activistas de izquierda, que se había conocido durante las protestas del estallido en Plaza Italia, en el centro de Santiago, decidió levantar una lista por fuera de los partidos que rescatara el «espíritu» de la protesta.

La llamaron, simplemente, «Lista del Pueblo» y se describían así: «Somos el Pueblo. Somos quienes hemos luchado toda la historia por obtener dignidad y justicia. Somos quienes hemos vivido y creci-do en la inequidad y la desigualdad, somos quienes nos levantamos un 18 de octubre para decir basta».

Con esa declaración, tan simple como ambiciosa, y ante el asombro de los analistas y del *establishment* político, sumaron el 16 % de los votos y eligieron 27 convencionales, superando la lista de la ex-Concertación (14 % y 25 escaños).

Lo lograron sin una estructura política, con mínimo financia-miento para hacer campaña, reclutando candidatos a través de plata-formas digitales, y aprovechando la franja de propaganda gratuita en televisión con provocadores anuncios, en que, por ejemplo, festina-ban con una «muerte» simulada del presidente Piñera.

El perfil de los convencionales de la Lista del Pueblo era total-mente ajeno a la élite política tradicional. Algunas de sus biografías lo ilustran. Rodrigo Rojas Vade es un extripulante de cabina que se hizo conocido durante las protestas como el Pelado Vade, por ma-nifestarse con el pelo y las cejas rapadas, a torso desnudo y con catéteres pegados al cuerpo. Aseguraba ser un enfermo oncológico, reclamando por la falta de acceso a la salud. «No lucho contra el cáncer, lucho para pagar la quimio. Salud digna para Chile», decía uno de sus carteles. Se convirtió en el convencional más emblemático de la Lista del Pueblo.

Alejandra Pérez, dueña de casa, quien sufrió una doble mastec-tomía, también protestaba a torso desnudo por la situación de la salud.

Giovanna Grandón era la conductora de un bus de transporte escolar. Se hizo famosa al participar en las protestas dentro de un cor-póreo del personaje de la serie Pokémon, Pikachú. Se le conoce como la Tía Pikachú (*tía* es un apelativo habitual para las conductoras de buses escolares en Chile).

Cristóbal Andrade, mecánico, usó un disfraz de dinosaurio azul durante las manifestaciones, y se hizo conocido como Dino Azulado.

A estos «símbolos» de la protesta se sumaron líderes locales: profesores, sociólogos, enfermeras, historiadores, activistas en causas ambientales, animalistas y feministas.

El perfil ideológico del grupo estaba en la extrema izquierda, por fuera de la izquierda «institucional» del Frente Amplio y el Partido Comunista. Su postura ante la violencia era ambigua y en sus redes sociales solían postear mensajes incendiarios. Cuando el diputado de izquierda (y futuro presidente de Chile) Gabriel Boric recibió agresiones en una visita a la Cárcel de Santiago, la cuenta de Instagram de la Lista posteó «Sangre por Sangre watón (gordo) Boric».

Se definían como partidarios de «una visión ecologista del desarrollo económico y territorial que nos permita transitar a la superación del extractivismo, con una mirada de respeto hacia los seres vivos no humanos, teniendo como punto de inflexión el calentamiento global, que implica realizar los cambios profundos de cómo nos relacionamos con la madre tierra». Postulaban la democracia directa como principio, y prometían realizar «asambleas del pueblo» para definir sus posiciones en el debate de la Convención. «Con la derecha no estamos dispuestos a conversar», anticipaba uno de los coordinadores del grupo, Daniel Trujillo.

«Somos el pueblo», decían, pero ese pueblo no sería representado por un partido. Tras la elección, prometieron que «mantendremos nuestra independencia absoluta del poder constituido. No seremos partido político, ni siquiera instrumental, para disputar cargos de representación pública».

Ahora vendría su prueba de fuego: ocupar (siendo «el Pueblo») un espacio de poder.

Y en ese tránsito, la caída de la Lista sería tan abrupta e inesperada como su irrupción.

Las elecciones de la Convención, con el inesperado ascenso de la Lista del Pueblo, se realizaron el 15 y 16 de mayo de 2021. La Convención comenzó a trabajar el 4 de julio, un proceso que se cruzaría con las elecciones presidenciales. El 18 de julio se disputaron las primarias presidenciales. En la izquierda, Boric, abanderado del Frente Amplio, derrotó al candidato del Partido Comunista Daniel Jadue. Voceros de la Lista desestimaron apoyar a Boric, tildándolo de «amarillo» (moderado), y anunciaron que levantarían su propio candidato. «Somos la niña bonita de la fiesta, todos quieren ser nuestro candidato», comentaban.

Sin una estructura formal a cargo, la selección del candidato resultó caótica. Varios de los convencionales advertían que la Lista no estaba preparada para disputar la presidencia, y que debían mantenerse al margen de esa elección.

Algunas figuras populares, como el conductor de televisión Julio César Rodríguez y la cantante Ana Tijoux, rechazaron la postulación. Entonces se anunció al exsindicalista Cristián Cuevas como ganador de una consulta interna. Pocos días después, en medio de una guerrilla de declaraciones contradictorias de distintas vocerías, se anunció que se bajaría a Cuevas y que el candidato sería definido mediante una «primaria de firmas»: quien inscribiera más patrocinios ante el Servicio Electoral (Servel) sería proclamado.

Diego Ancalao, dirigente mapuche, se proclamó ganador al presentar las firmas necesarias, el 23 de agosto. Pero el candidato de la Lista del Pueblo duró solo tres días en la carrera: el 26, el Servel detectó que la mayoría de las firmas aparecían certificadas por un notario que había muerto meses antes, rechazó su candidatura y presentó una querella criminal en su contra.

En medio de esta seguidilla de escándalos, diez de los convencionales renunciaron a la Lista, acusando a sus líderes de «hostigamiento, malas prácticas, faltas a la probidad y actitudes matonescas».

El 1.° de septiembre, los 17 convencionales restantes decidieron deshacerse de la marca «Lista del Pueblo» para pasar a llamarse «Pueblo Constituyente». Pero aún faltaba el golpe de gracia.

El 4 de septiembre, presionado por un reportaje del diario *La Tercera*, Rodrigo Rojas Vade reconoció que no padecía cáncer. El pelo y las cejas rapadas, y los catéteres adheridos al cuerpo, habían sido una escenificación. El Pelado Vade renunció a la vicepresidencia adjunta de la Convención, y dejó de participar en ella: no concurrió a las sesiones ni a las votaciones. Su escandaloso fraude dañó irreparablemente el prestigio de la Convención y puso fin definitivo a la aventura de la Lista del Pueblo.

Con su dirección deslegitimada, sus convencionales desperdigados y su imagen pública ligada irremediablemente a los fraudes de Ancalao y Rojas Vade, la Lista del Pueblo dejó de existir. Su apuesta de «ser el Pueblo» sin ser un partido se derrumbó en apenas sesenta días.

El Partido de la Gente: ganarle al sistema

«Pueblo» y «gente» son conceptos hermanos aunque cargados de significados opuestos. En la simbología de la izquierda chilena, el «pueblo» tiene una connotación ideológica profunda. Es el pueblo movilizado, aquel del himno según el cual «El Pueblo, unido, jamás será vencido».

Por lo mismo, la palabra sonaba amenazante para sectores centristas o de clase media. En la campaña presidencial para elegir al primer presidente democrático después de Pinochet, en 1989, los creativos de la Concertación decidieron hacer un giro semántico. Patricio Aylwin, el candidato de la coalición, no sería el abanderado del pueblo, sino de «la gente». «Gana la gente» fue el lema de esa campaña, con un pegajoso jingle que repetía el concepto: «¡Gana la gente, Aylwin Presidente!».

Si el pueblo había sido el protagonista de la lucha contra la dictadura, la gente tendría el rol principal de un Chile pospolítico. Había que dejar de ser pueblo para convertirse en gente, abandonar el colectivo para enfocarse en el individuo: estudiar, trabajar, consumir, endeudarse. Subirse al carro de un nuevo Chile sin pueblo, en que muchos pobres vieron abrirse las puertas de la educación superior y el consumo.

Del mismo modo, a la fallida Lista del Pueblo, seguiría en 2021 el Partido de la Gente.

Ambos parten de la idea populista de representar a la ciudadanía en oposición a una élite corrupta. También comparten la desconfianza por la institucionalidad. Pero donde la Lista del Pueblo pone acentos colectivos, el Partido de la Gente habla de individuos. También rechaza al sistema, por considerar que está sesgado a favor de algunos poderosos. Sin embargo, su solución no es derribar ese sistema, sino ganarle usando sus propias armas. En palabras de su líder, Franco Parisi: «quiero ganarle al sistema». El resultado es un populismo individualista, capitalista y muy entroncado con la ética neoliberal. Y con una historia que parte en 2013.

Ese año, Parisi lanzó una candidatura presidencial independiente. Profesor de economía, Franco Parisi se había hecho conocido como comentarista en programas de televisión. Carismático, con buen manejo televisivo y capaz de explicar «en simple» temas económicos complejos, pronto creó su propio espacio: «Los Parisi: el poder de la gente», junto a su hermano y socio, Antonino. Ahí desplegó su personalidad pública: un cruzado de la gente común, capaz de denunciar los pecados de la élite económica, y de entregar consejos financieros para sacar ventaja de los forados del sistema capitalista.

Gracias a su popularidad como figura televisiva, su candidatura tomó un inesperado impulso. Las protestas estudiantiles y los escándalos financieros comenzaban a crear espacio para un líder populista. «El poder de la gente» fue el lema de su campaña. El primer capítulo de su franja presidencial muestra bien la ética y la estética del candidato.

En él, Parisi aparece impecablemente vestido y manejando un auto de lujo. Se estaciona junto a una casa humilde, donde le abre la puerta una profesora jubilada, Berta. «Le vengo a pedir trabajo. Yo quiero que usted sea mi jefa», le dice Parisi. «Pero todos los políticos roban, pues, señor», le contesta la mujer. «Yo no soy político. Yo soy igual que usted, profe», es la respuesta de Parisi. «Yo soy un agradecido de la vida. Soy un beneficiado social», dice el candidato, quien luego sale de la casa y pone un letrero de «se vende» sobre su auto, con la leyenda «prefiero vender el auto y no mi país». Sobreimpresa aparece una papeleta de votación, con tres opciones: «Franco Parisi», «Representante del Grupo Luksic» y «Representante del Grupo Angelini» (Luksic y Angelini son dos de los principales grupos económicos del país).

Parisi no tiene problema en ostentar su riqueza. Él es rico, pero tiene una ética superior: no es político, ni «vende su país». Los demás, los políticos, en cambio, son los corruptos representantes de los grandes grupos empresariales. Su discurso de hombre hecho a sí mismo y denuncia de los políticos recuerda al de Fra-Fra Errázuriz y, como él, también apela fundamentalmente a un electorado pragmático, desconfiado de las causas colectivas y más bien cercano a la derecha.

La candidatura de Parisi en 2013 creció lo suficiente como para amenazar con desbancar de la segunda vuelta a la candidata oficial de la derecha, Evelyn Matthei (el primer lugar lo tenía asegurado la popular expresidenta Michelle Bachelet). Matthei lo convirtió en el blanco predilecto de sus ataques. Lo acusó de millonarias deudas con los trabajadores de dos colegios que Parisi había administrado. El escándalo dañó su credibilidad y lo hizo caer en las encuestas. De todos modos, el candidato independiente terminó cuarto, con un sorprendente 10 % de los votos.

En los años siguientes, Parisi sumó más escándalos personales. Su rendición de fondos públicos de campaña fue rechazada por incluir artículos personales como calzoncillos marca Hugo Boss. Se fue a vivir a Estados Unidos, donde perdió su trabajo en una universidad por una acusación de abuso sexual contra una alumna. Desapareció de la televisión, pero mantuvo una fiel audiencia en programas de Facebook y YouTube, que hizo que fuera mencionado en todas las encuestas de intención de voto presidencial.

En 2021, su camino se cruzó con otro personaje de similares características: Gino Lorenzini. Lorenzini fue alumno universitario de Parisi y creó su propia marca como gurú económico. Fundó «Felices y Forrados» (FyF), una empresa que ofrecía asesorías para «ganarle al mercado», recomendando constantes cambios entre los distintos fondos de las AFP, las aseguradoras privadas que manejan los fondos para las jubilaciones en Chile.

Mientras un gran movimiento social («NO+AFP») exigía el fin de las AFP y su reemplazo por un sistema público y solidario, Lorenzini encaraba la crítica a las AFP desde otro punto de vista: el lucro individual. No hay que cambiar el sistema, sino que hay que aprovecharlo para «ganarle». «Es un movimiento contra el sistema actual, pero no es asistémico», dice Lorenzini. «Quieren que las AFP devuelvan las pérdidas, que las AFP renten bien, no quieren destruirlas».

Lorenzini aseguraba ser capaz de anticiparse al mercado, moviendo el dinero a fondos más seguros antes de que los mercados cayeran, y hacia fondos más riesgosos justo antes de las alzas. Autoridades y expertos desestiman las supuestas dotes de FyF: según la Superintendencia de Pensiones, el 70 % de sus seguidores perdió dinero por seguir sus recomendaciones. Pero el culto en torno a Lorenzini no paró de crecer. Acumuló 200 000 clientes, que no solo seguían al pie de la letra los consejos de este gurú, sino que formaron una comunidad fiel a su líder, dispuestos a defenderlo de cualquier crítica de los medios y en las redes sociales.

El poder de FyF era tal que llegó a desestabilizar el mercado; en 2020, el Banco Central pidió formalmente que se le regulara, lo que derivó en una ley que terminó sacándolos del mercado. Es que cada recomendación de Lorenzini generaba tales movimientos, que influía en el valor del dólar, alertando también sobre los negocios que Lorenzini podría hacer al contar con información privilegiada sobre los movimientos que recomendaría.

Entonces Lorenzini decidió dar otro paso: convertir a FyF en una lista de candidatos para la elección de convencionales. Bajo el nombre «FyF Vota Feliz», inscribió a postulantes que debían cumplir un requisito: ser usuarios *premium* de Felices y Forrados. Un caso insólito, acaso inédito en el mundo: una empresa convertida en plataforma política de sus clientes.

La aventura de FyF Vota Feliz no duró. Las inscripciones fueron rechazadas por la justicia electoral, por infringir las normas de financiamiento de campaña y constituir «un intento de injerencia en el proceso constituyente a través de un conglomerado económico».

Para entonces, Lorenzini y Parisi se habían unido para formar el Partido de la Gente (PDG), pero la alianza se rompió en medio de recriminaciones personales entre ambos líderes, que aspiraban a ser candidatos presidenciales en 2021. Parisi se quedó con la marca del PDG y Lorenzini decidió juntar firmas para competir como candidato presidencial independiente, y presentó su postulación saltando la cuerda frente a las cámaras en el Servicio Electoral. Su programa de gobierno incluía entregar una cuerda con bluetooth a cada familia chilena, para que cada persona hiciera al menos diez minutos de ejercicio diario, «realizar exámenes de ADN a toda la población para establecer políticas de suplementos vitamínicos adaptadas a los genes de cada ciudadano» y enviar cada año a tres niños a un viaje espacial con SpaceX, la empresa de Elon Musk.

Pero no pudo cumplirlo: el Servel rechazó su candidatura por no ser independiente, ya que el PDG no inscribió su renuncia al partido. Con esa triquiñuela, Parisi despejó la cancha de su némesis.

La campaña presidencial de Parisi fue insólita: jamás puso un pie en Chile. Dio diferentes excusas para mantenerse en Atlanta, Estados Unidos. Primero adujo supuestos compromisos laborales, aunque se comprobó que ya no trabajaba en la universidad en que decía tener contrato. Declaró ser un perseguido y anunció que pediría asilo político en Estados Unidos. Luego anunció que viajaría pero, justo antes de tomar un vuelo a Chile, dijo que se había realizado un examen de COVID que dio resultado «inconcluso».

Un reportaje periodístico reveló que la verdad era otra: Parisi tenía una orden de arraigo que le impediría dejar Chile si volvía a pisar el país, por una deuda de cerca de 250 000 dólares en pensiones de alimentos impagas para sus hijos que viven en Chile.

Todo parecía una broma: ¿cómo un «papito corazón»[5] se atrevía a hacer campaña sin siquiera poder pisar el país, dando explicaciones cada vez más ridículas de su ausencia? Pero la noche de las elecciones, hubo que tomárselo muy en serio. Parisi terminó en tercer lugar, con el 13 % de los votos, superando a los candidatos de las coaliciones que habían gobernado Chile desde 1990: Chile Vamos y la Concertación.

---

[5] Apelativo peyorativo con que se conoce en Chile a los hombres deudores de pensión de alimentos.

La campaña virtual del PDG, que concentró todo su esfuerzo en las redes sociales, funcionó. Parisi obtuvo una gran votación en el norte del país, y ganó en Antofagasta, una región minera con tradición de izquierda. Además, el PDG sacó un 8 % de los votos y eligió a seis diputados, la mayoría de ellos lejanos a las élites tradicionales, que lo convirtieron en el fiel de la balanza de una Cámara dividida en mitades entre izquierda y derecha.

¿Quiénes son sus votantes? Para su examigo y rival, Gino Lorenzini, «trabajadores, profesionales, muchos de regiones, de todos los rincones de Chile que creen en el esfuerzo, en el capitalismo popular. Y que no creen ni en la izquierda ni en la derecha tradicional».

Una investigación del Centro de Estudios Públicos (CEP), los perfila como «emprendedores, profesionales, pequeños y medianos empresarios», especialmente en el norte del país, una zona tradicionalmente de izquierda, pero donde, en las últimas décadas, la riqueza está vinculada a la minería privada del cobre. «El PDG encontró un lugar donde el pegamento cultural es ser emprendedor», dice el sociólogo César Trabucco. Para el académico Alberto Mayol, con su impugnación radical a la política «Parisi leyó una rabia diferente» a aquella que explota la izquierda.

Su constante denuncia contra los políticos y los poderes económicos ayuda a Parisi a blindarse frente a sus múltiples escándalos personales. En todos ellos, acusa conspiraciones y persecuciones en su contra de los poderosos, de los medios de comunicación o del gobierno.

Además, en un país donde se calcula que el 84 % de las pensiones alimenticias están impagas, un «papito corazón» genera resistencia, pero también la inconfesable identificación de muchos hombres. Un dato sugerente al respecto: a septiembre de 2022, el PDG es el partido con más militantes de Chile (46.138), y también el que tiene un menor porcentaje de militantes mujeres: apenas el 32 %, contra un abrumador 68 % de hombres (en total, el 47 % de los afiliados a partidos políticos en Chile son mujeres). El PDG se ha convertido, al menos en parte, en el refugio de cierta masculinidad que se siente amenazada por el empoderamiento de las mujeres.

Con un importante poder electoral y parlamentario, el PDG se enfrentó a una disyuntiva similar a la de la Lista del Pueblo. Y pronto se desataron problemas similares.

Primero, Parisi y su partido entregaron su apoyo en segunda vuelta al candidato de derecha radical José Antonio Kast. Semanas después de la derrota de Kast, firmaron un pacto con los partidos de izquierda que apoyan al gobierno de Gabriel Boric, para repartirse el poder en la Cámara de Diputados, a la vez que reclutaban a tres diputados independientes para hacer crecer su bancada hasta nueve escaños.

Luego, Parisi comenzó una escalada de ataques cada vez más virulentos contra Boric, su gobierno y la fallida Convención Constitucional. El PDG desconoció su pacto con la izquierda y negoció con la derecha para quedarse con la presidencia de la Cámara de Diputados para uno de sus parlamentarios, el exobispo de la Iglesia Mormona en Antofagasta, Víctor Pino. Sin embargo, el que debía ser su momento de gloria se convirtió en un desastre: por un quiebre interno, 4 de los 9 diputados no apoyaron a Pino, quien debió bajar su candidatura.

El personalismo de Parisi, las agendas individuales de cada uno de sus parlamentarios y una indefinición ideológica que alienta las volteretas políticas y fracturas internas les comenzaron a pasar la cuenta.

Tras el triunfo del Rechazo en el plebiscito de 2022, Parisi apostó a una alianza con la diputada Pamela Jiles para enfrentar las elecciones del segundo proceso constituyente, en mayo de 2023.

La alianza ejemplifica la plasticidad que suele mostrar el populismo. Jiles es una periodista que saltó a la fama como comentarista de farándula, exmilitante comunista y elegida al Congreso por la extrema izquierda.

Dueña de un discurso demagógico y extremadamente virulento, se hizo popular como impulsora de los retiros de las AFP, que permitieron a las personas sacar parte de sus fondos de jubilaciones para gastos inmediatos durante la pandemia. Con ese impulso, llegó a liderar las encuestas presidenciales brevemente durante 2021.

La alianza de Parisi y Jiles solo agudizó las críticas por la indefinición ideológica del PDG: La aventura terminó en desastre. Días antes de la elección, se supo que una de las candidatas del PDG tenía una condena por tráfico de drogas. El escándalo terminó por sepultar la campaña, y el PDG no eligió ni un solo consejero en todo el país.

Esa misma noche, mientras los primeros resultados mostraban la debacle de su campaña, Franco Parisi dio una improvisada conferencia de prensa en la entrada del aeropuerto de Santiago. Tras responder rápidamente algunas preguntas, tomó el primer vuelo con destino a Estados Unidos. Detrás suyo quedaba un partido derrotado y desmoralizado, en la que debía ser su noche de gloria.

El Partido Republicano: derecha a secas

La misma noche en que Parisi abandonaba apresuradamente Chile, otro líder celebraba su noche de triunfo: era el momento de José Antonio Kast y su Partido Republicano (PR).

Si la Lista del Pueblo y el Partido de la Gente son fenómenos relativamente originales, el tercer candidato a interpretar el momento populista sigue un libreto mucho más conocido: el Partido Republicano es una copia consciente de la ultraderecha en auge en gran parte del mundo.

Un plan diseñado y liderado por un hombre: José Antonio Kast.

Kast es el vivo retrato de un político tradicional. Es hermano menor de Miguel Kast, exministro de la dictadura y considerado uno de los líderes intelectuales de los Chicago Boys que implantaron el neoliberalismo durante el régimen de Pinochet. También es tío del senador Felipe Kast y del exdiputado Pablo Kast. Heredero de una fortuna familiar, se dedicó desde muy joven a la política a través de la UDI, el partido por entonces más cercano a Pinochet. Apareció en la franja televisiva del Sí a Pinochet en el plebiscito de 1988, fue concejal y candidato a alcalde, y pasó 16 años en el Congreso como diputado de la UDI, partido del que fue secretario general, como representante de su sector más doctrinario y fiel al pinochetismo.

En 2016, cuando la UDI decidió apoyar el regreso del expresidente Sebastián Piñera al poder, Kast vio llegado su momento: renunció al partido y anunció una candidatura presidencial independiente. Se definió como «de derecha a secas», en oposición al más moderado Piñera, y logró un sorprendente cuarto lugar, con el 8 % de los votos. Con esa base, formó el Partido Republicano, del cual es hasta hoy líder indiscutido.

Uno de los principales investigadores mundiales sobre el extremismo de derecha, Cas Mudde, define a Kast y al Partido Republicano como de «derecha radical». En su terminología, los movimientos de ultraderecha son aquellos que tienen una actitud de «hostilidad hacia la democracia liberal». Entre ellos, Mudde define dos subgrupos. El primero es la «extrema derecha», que rechaza la soberanía popular y el principio de la mayoría. El segundo es la «derecha radical», que «acepta la esencia de la democracia, pero se opone a elementos fundamentales de la democracia liberal» como, por ejemplo, «los derechos de las minorías». El Partido Republicano pertenece a ese segundo grupo.

Entre 2016 y 2022, Kast ha ido afinando, con singular éxito, su oferta política, siguiendo las recetas de Donald Trump y de Jair

Bolsonaro, con quien tiene especial cercanía, y dice tener «una alianza para derrotar definitivamente a la izquierda en Latinoamérica». También se muestra cercano al argentino Javier Milei. Y ha construido una red internacional con líderes de ultraderecha europea, alabando públicamente a VOX en España, y a la líder posfascista italiana Giorgia Meloni. En 2022, Kast asumió la presidencia de la Political Network for Values, entidad que reúne a líderes derechistas de Europa y América en torno a una agenda de oposición al aborto, los derechos homosexuales y la identidad de género.

Los temas y estrategia del Partido Republicano chileno son muy similares a los de sus aliados internacionales. Se centran en la denuncia de las «élites progresistas», especialmente de la política, la cultura y los medios de comunicación. Estas élites, actuando a través de organizaciones internacionales como la ONU, llevarían adelante un ataque contra la familia, la patria y los valores tradicionales. Los republicanos chilenos se presentan como cruzados en defensa del pueblo y de sus principios ante tal ataque. Y a él oponen los valores del patriotismo y la libertad.

Es en ese sentido, cultural y político, pero no económico, que plantean la oposición entre las élites decadentes y los valores tradicionales del pueblo.

Kast habla de la «dictadura gay» para oponerse a cualquier reconocimiento a los derechos de las minorías sexuales. Cuando se izó la bandera de la diversidad sexual en La Moneda, acusó al gobierno de «rendirse ante la dictadura gay». Fue uno de los nueve diputados que rechazaron la ley de Acuerdo de Unión Civil entre homosexuales, argumentando que «un niño que crece en un hogar homoparental lo hará con inseguridad, angustia y tendrá mal rendimiento escolar».

Su agenda autoritaria bebe de la nostalgia por la dictadura de Pinochet. Kast dice que «defiende con orgullo la obra del gobierno militar» y advierte que «si estuviera vivo, Pinochet votaría por mí». También se ha comprometido a indultar a los violadores de derechos humanos que cumplen penas de prisión, y habla de «ficción legal» en los casos de detenidos desaparecidos.

Kast no ahorra gestos para asegurar el voto pinochetista, minoritario aunque relevante dentro de la derecha, y que tradicionalmente era recogido por su expartido, la UDI..Sobre Miguel Krasnoff, uno de los torturadores y asesinos más sádicos de la dictadura, condenado a más de novecientos años de cárcel por sus múltiples crímenes, dijo «conozco a Miguel Krassnoff y viéndolo no creo todas las cosas que se dicen de él». Sobre el secuestro y degollamiento de tres profesionales comunistas, perpetrado por agentes de la Dirección de Comunicaciones de Carabineros en 1985 en un operativo que incluyó hasta el uso de un helicóptero policial, Kast asevera: «no creo que eso haya sido organizado por ninguna institución del Estado».

En el «Caso quemados», en que dos jóvenes fueron rociados con bencina e incinerados por una patrulla militar en 1986, Kast defiende a su amigo Julio Castañer, condenado a veinte años de cárcel como autor del crimen. En 2018, la coordinadora de Acción Republicana (germen del actual Partido Republicano) en Magallanes, aseguró que Castañer compartía la coordinación regional. Kast desmintió que su amigo tuviera ese cargo, pero aseguró que Castañer «ha dado una batalla increíble porque se haga justicia» y «ha sido injustamente procesado».

En su campaña presidencial de 2021, Kast prometió que en su gobierno Chile abandonaría el Consejo de Derechos Humanos de la ONU y formaría una «coordinación internacional antirradicales de izquierda» para «identificar, detener y juzgar agitadores radicalizados». Además, proponía entregar facultades al presidente para «arrestar a las personas en sus propias moradas o en lugares que no sean cárceles ni estén destinadas a la detención».

Estas posiciones extremas permiten a Kast asegurar el voto duro de la extrema derecha pinochetista, pero se convirtieron en un pasivo cuando, inesperadamente, se le abrió la posibilidad de llegar a la presidencia en 2021. La performance de Kast y de su partido mostraron tanto el potencial como las debilidades del populismo trumpista/bolsonarista en Chile.

El estallido de 2019 pareció abrir una oportunidad para Kast. En medio de la incertidumbre creada por la quema de estaciones del metro el 18 de octubre de 2019, Kast copó el escenario exigiendo mano dura. Alarmados, en algunos barrios de clase media, vecinos organizaron guardias para defenderse de eventuales ataques, bautizándose como «chalecos amarillos», inspirados por los «gilets jaunes» franceses.

Envalentonado con la perspectiva de liderar ese movimiento, Kast convocó a una «gran marcha por la paz» en Plaza Italia, epicentro de las protestas, para el domingo 27 de octubre, en apoyo a Carabineros y militares. «Todos con su chaleco amarillo», proclamó. Pero dos días antes, más de un millón de personas se reunieron en apoyo a las protestas. Kast canceló su «gran marcha» y pasó a un segundo plano. El Partido Republicano criticó la supuesta «mano blanda» del gobierno de Piñera ante las protestas, se restó del acuerdo para una Nueva Constitución firmado por casi todas las fuerzas políticas de izquierda, centro y derecha, y lideró la campaña por el Rechazo a ese proceso, que terminó en una demoledora derrota: apenas consiguió el 22 % de los votos.

Sin embargo, su suerte cambió en 2021, en la campaña presidencial. Los partidos de derecha tradicional (UDI, RN y Evópoli), unidos en ChileVamos, eligieron a través de una primaria a Sebastián Sichel como su candidato. Sichel era un exdirigente de la Democracia Cristiana reinventado como ministro de Piñera, y causaba desconfianza entre el electorado y la dirigencia más tradicional de la derecha. Tras ganar la primaria, su campaña naufragó en tiempo récord, en medio de una serie de errores y revelaciones sobre su pasado político.

Con Sichel hundido, y los partidos de derecha sin poder proclamar legalmente a otro candidato, Kast se convirtió en la alternativa para sus electores. Destacó por su buena actuación en los primeros debates presidenciales y dio la sorpresa al liderar la primera vuelta con casi dos millones de votos (27.91 %), superando al 25.83 % de Gabriel Boric. Además, el Partido Republicano eligió a un senador y a 12 diputados.

En la segunda vuelta, sin embargo, Kast fue frenado en seco por el electorado femenino. Él suele referirse a las feministas como «feminazis de izquierda», y acusa a los medios de ser parte de una «dictadura mediática progresista». En su última campaña prometió «eliminar el lenguaje de género» y cerrar la Facultad Latinoamericana de Ciencias Sociales, Flacso, por hacer «activismo político». Su programa de gobierno prometía eliminar el Ministerio de la Mujer y derogar la ley que permite el aborto en casos de violación, riesgo de vida de la mujer o inviabilidad fetal.

También salieron a la luz una serie de videos misóginos del diputado electo por el Partido Republicano Johannes Kaiser. Entre otras barbaridades, el parlamentario dijo: «Esas feministas que aparecen ahora, diciendo haber sido violadas y que no denunciaron a tiempo a sus agresores, son cómplices de las violaciones que estos pudieron perpetrar, gracias a su silencio». Cuestionó el derecho a voto femenino: «es una especie de esquizofrenia. Las mujeres dejan de ir al parque a trotar porque tienen miedo a inmigrantes que las pueden violar, pero siguen votando por los mismos partidos que están trayendo a esa gente y tú realmente te preguntas si el derecho a voto fue una buena idea». Habló de condecorar con «una medalla de honor» a los «violadores de mujeres feas», escribió que «62 % de las mujeres tiene la fantasía de ser violadas y al mismo tiempo salen a la calle a protestar», y explicó que no tenía pareja porque «ya casi no quedan mujeres que quieran quedarse en la casa para servir y dar placer al marido, y para mantener a una weona empoderada prefiero volverme maricón».

La misoginia está extendida en la bancada republicana, con personajes como Gonzalo de la Carrera, con un historial de falsas acusaciones y comentarios machistas contra políticas mujeres. O Cristóbal Urruticoechea y Harry Jürgensen, que presentaron un proyecto para penalizar con hasta diez años de cárcel a las mujeres que aborten, aunque el embarazo sea producto de una violación.

Urruticoechea «razonó» que «una mujer que ha sido violada y aborta, no se desviola». Luego, mostrando una ignorancia supina, «argumentó» que «tiene que ser una violación reiterada para que una mujer quede embarazada».

Estos hechos provocaron una ola de indignación que movilizó a votantes urbanos, especialmente mujeres jóvenes, contra Kast. Un millón doscientos mil ciudadanos que no habían participado en la primera vuelta sí votaron en la segunda, especialmente jóvenes de zonas urbanas. Según la empresa de análisis de datos Unholster, Boric ganó a Kast por 75 % contra 25 % entre las mujeres menores de 30 años de la región de Santiago. Ello permitió a Boric derrotar ampliamente a Kast en el balotaje: 56 % contra 44 por ciento.

Al igual que sus homólogos de Estados Unidos y Brasil, el partido de Kast ha denunciado falsamente fraude electoral. El conteo de votos en Chile es ejemplar: el recuento se hace en público, por ciudadanos elegidos por sorteo, y entrega un ganador indiscutible apenas una o dos horas después del cierre de las urnas. Kast rompió esta tradición de civismo, al acusar que «claramente hubo fraude» en las elecciones de 2017. «Hubo fraude electoral», repitió en 2019, aportando un par de anécdotas como «evidencia». «Había votos marcados, votos que se perdían, incluso en un lugar un joven se arrancó con la urna». No hubo denuncia formal: «no tuvimos tiempo para hacer el levantamiento de la investigación», se justificó.

En 2021, siguió agitando esas falsas acusaciones, advirtiendo que recurriría a los tribunales electorales si perdía por menos de 50 000 votos. Su estrepitosa derrota, por más de un millón de sufragios, cambió los planes, y Kast reconoció la misma noche de las elecciones el triunfo de Boric.

Antes del plebiscito constitucional de 2022, diputados republicanos replicaron la estrategia, declarando que «el gobierno con toda su maquinaria intentará robarse la elección». Un libreto *trumpista* especialmente delirante en un país con una institucionalidad electoral impecable como Chile, y que quedó en el olvido tras el rotundo triunfo de la opción Rechazo en ese plebiscito.

Kast y los republicanos han mostrado tanto las fortalezas como las debilidades del libreto de la derecha radical. Su discurso autoritario y de mano dura les ha permitido conectar con la ansiedad ciudadana por el aumento de la criminalidad violenta, la inmigración irregular y la violencia callejera. También el sur del país, especialmente el voto rural, se ha volcado a su favor, viéndolo como una barrera frente a la cultura progresista que se ve como una amenaza a sus tradiciones y estilo de vida.

Por otro lado, su pinochetismo y su conservadurismo llevado al extremo de la misoginia espanta a los electores moderados y moviliza en su contra al voto joven y urbano, especialmente entre las mujeres.

Otro punto complejo es la ortodoxia económica de Kast. Su discurso antiélites no alcanza a la élite económica, a la que no critica. El Partido Republicano defiende el modelo económico, a instituciones cuestionadas como las AFP, y es complaciente ante los escándalos protagonizados por grandes grupos económicos. Todo ello limita su alcance. O al menos eso parecía hasta ahora.

En las elecciones para el segundo proceso constitucional, en mayo de 2023, el Partido Republicano alcanzó una extraordinaria victoria: obtuvo 22 de los 51 cupos, convirtiéndose en el partido más grande del país y superando a las coaliciones de la izquierda oficialismo (16 escaños) y de la derecha tradicional (11).

Su campaña se basó exclusivamente en un discurso de orden y seguridad, prometiendo mano dura contra la delincuencia y la inmigración irregular, y sin casi referirse al proyecto de Nueva Constitución cuya redacción deben, ahora, liderar. El brusco vuelco de los electores chilenos asombra a los especialistas: si en 2021 votaron abrumadoramente por candidatos de izquierda para redactar una Constitución, y luego por Gabriel Boric para presidente, en 2022 se inclinaron por el Rechazo, con el 62 % de los votos, y en 2023 por la derecha radical.

Una de las explicaciones es el voto obligatorio, que rigió para el plebiscito de 2022 y las elecciones de consejeros en 2023, y que significó la entrada de millones de votantes nuevos, aparentemente más apolíticos e inclinados a la derecha. También está el factor del voto de protesta contra el gobierno de turno, que antes favoreció a la izquierda, y ahora juega a favor de la derecha.

Ganar elecciones parece una maldición en Chile. Le ha pasado a los últimos cuatro presidentes, que han sido sucedidos por sus rivales políticos, y al actual ocupante de La Moneda, que ha visto cómo sus adversarios acumulan victorias electorales.

También lo han sufrido la Lista del Pueblo y el Partido de la Gente, que implosionaron apenas tuvieron acceso al poder. Resta saber si el Partido Republicano correrá la misma suerte o si será más hábil al enfrentar su nuevo desafío. A su favor juega una disciplina y organización que ni la Lista ni el PDG tenían. En contra, un extremismo ideológico que va a contrapelo de la mayoría de la población en temas de derechos sociales.

Su primera prueba es en sí una paradoja: están a cargo de redactar una nueva Constitución tras haberse opuesto con toda su fuerza a ese proceso.

Su éxito o fracaso en ese empeño marcará un nuevo capítulo de este momento populista que sigue marchando a todo galope en Chile, aunque ningún líder haya sido capaz, hasta ahora, de domarlo en su propio beneficio.

4

Patria, pueblo, Cristo y Bolívar, los ingredientes del populismo en Colombia

Carlos Granés

Uno

El día en que debía tomar posesión de su gobierno, el primero que se autodenominaba de izquierda en la historia de Colombia, Gustavo Petro tuvo que soslayar un pequeño obstáculo. Un mes antes le había pedido a su antecesor en el cargo, Iván Duque, que le prestara uno de tantos objetos históricos que alberga el Palacio de Nariño: la espada de Bolívar. Y parecía que no habría inconveniente, pero horas antes de la posesión, escudándose en formalidades, Duque impidió el traslado de la reliquia a la intemperie. Petro tuvo que iniciar a su gran día sin la presencia del objeto codiciado, seguramente molesto y más decidido que nunca, así para ello tuviera que cambiar el guion y el protocolo y someter a los dignatarios invitados a quince minutos extra de rigor solar cundiboyacense, a hacerse llevar la espada.

Tuvo que esperar a recibir la banda presidencial y verse investido con autoridad para dar su primera orden, esa orden: «Solicito a la Casa Militar traer la espada de Bolívar». Petro iba a mover cielo y tierra para encomendarse a esa espada, «la espada del pueblo», como la llamó, porque en su dilatada historia resaltaba el hecho de haber pasado por las manos del M-19, la guerrilla en la que Petro militó entre 1978 y 1990, fecha en la que firmó la paz.

El «Eme», como la llamaban en confianza, la había robado en 1974 de la Quinta de Bolívar, un golpe maestro en la ingeniosa campaña publicitaria que le dio visibilidad pública a la guerrilla. Como no podía ser de otra forma, un poeta llamado Nelson Osorio fue quien cargó de lirismo el significado del hurto: «Bolívar, tu espada vuelve a la lucha», escribió en un comunicado. Osorio, que ya había publicado crípticos mensajes en la prensa anunciando la llegada del M-19 e impunemente había engrosado el catálogo de la canción de protesta colombiana, ahora les explicaba a sus compatriotas lo que estaba pasando. La lucha de Bolívar no había acabado, el pueblo seguía en busca de libertadores que restauraran la dignidad, la soberanía y la justicia arrebatadas.

Al menos así lo entendió Petro y por eso se unió a su lucha. Lo dijo en sus memorias, «había que reivindicar la historia patria, el alma popular»;[1] la decisión no era fácil pero sí obvia. El «populismo armado» de esa guerrilla que se había inspirado en los Tupamaros y en la OPR-33 uruguayas, y que al menos inicialmente fue urbana y performática y dio golpes simbólicos e incruentos, acabó animándolo a tomar las armas en 1978.

Cuarenta y ocho años después ahí estaba de nuevo frente al símbolo del Eme, la espada, hablando del amor al pueblo y del amor del pueblo y citando a García Márquez. Si en *Cien años de soledad* las estirpes condenadas no tenían una segunda oportunidad sobre la tierra, bajo su gobierno sí la tendrían. Su llegada al poder no era una profecía bíblica, sino literaria. No por nada su alias de guerrillero fue

---

[1]   Gustavo Petro. *Una vida, muchas vidas*. Bogotá, Planeta, 2021, p. 41.

Aureliano. Petro tomaba el testigo de García Márquez para cambiar la historia, para reescribirla. Acababa una era de tinieblas y comenzaba una nueva de amor y luz, «cesó la horrible noche», se dijo, o «la Uribe noche». En realidad, estaba empezando una nueva presidencia populista en Colombia.

Dos

Para muchos observadores fue una sorpresa. Suele pensarse que Colombia es un país refractario a las aventuras populistas, acorazado por instituciones que mantienen lejos a los redentores que se escudan en el amor al pueblo, la opinión o la voluntad popular, para vulnerar la legalidad. Pero aquella visión resulta solo parcialmente cierta. Es verdad que el populismo, al menos hasta ahora, no ha tenido en Colombia la trascendencia que tuvo en países como Argentina, Brasil, Ecuador o, más recientemente, Venezuela, pero eso no quiere decir que haya estado ausente. Como en toda América Latina, ahí ha estado desde mediados de los años cuarenta, contagiando con sus formas iliberales a una genealogía de políticos que empieza en Jorge Eliécer Gaitán y desemboca en Petro.

No es extraño que Gaitán, a pesar de haber militado desde muy joven en el Partido Liberal, acabara convirtiéndose en un caudillo populista. El ambiente en el que forjó su personalidad política estaba viciado por el nacionalismo autoritario, el corporativismo, el liderazgo carismático, el vitalismo y el uso desmedido de las masas urbanas como fuerza política extraparlamentaria, elementos que chocaban con la doctrina liberal. Gaitán se nutrió de la fuente original, chupó directamente de la teta: al igual que José Carlos Mariátegui, José de la Riva-Agüero o Juan Domingo Perón, el colombiano pasó por Italia durante el ascenso de Mussolini y del fascismo. No importa que su marco mental fuera de izquierda; el de Mariátegui también lo era. El espectáculo fascista, con su movilización social, sus símbolos, mitologías y gestos; con su reactivación del pasado imperial y la entronización del líder carismático, el «hombre bandera», como lo llamó Gaitán, colmó su imaginación política.

A Roma había llegado el joven abogado en 1926 para estudiar con Enrico Ferri, un criminalista de fama mundial y connotado fascista, y allí pudo ver con sus propios ojos esa Italia dinámica y revolucionaria que estaba templando la sangre de todos los nacionalismos autoritarios. Antes de la Segunda Guerra Mundial, el fascismo cosechó alabanzas en el mundo entero, y fue el referente para todos los caudillos y dictadores latinoamericanos que llegaron al poder en 1930. La consigna de aquellos años fue la acción —acción nacional, acción católica, acción democrática, acción mundial, decenas de periódicos y partidos hicieron suyo ese llamado— y el fascismo era su manifestación más clara: hombres viriles y dinámicos que estaban cambiando y renovando espiritualmente a su nación, y que sepultaban la paquidérmica y bostezante democracia.

Esto no significa que Gaitán hubiera sido un fascista, así los comunistas colombianos se hubieran empecinado en ello. El fascismo llenó a Gaitán de tics iliberales, pero no lo hizo renegar de la democracia. Al contrario, como buen populista siempre se aferró a ella. Ni fascista ni tampoco comunista, así muchos conservadores lo hubieran querido alinear con el bloque soviético. Gaitán nunca defendió explícitamente la violencia como arma política ni tampoco promovió la lucha clasista ni la dictadura del proletariado. Lo que a partir de mediados de los años cuarenta propondría sería otra cosa, un movimiento populista destinado a arrasar en las urnas y a alzarse con un triunfo ejemplarmente democrático, que llevaría al pueblo al poder y removería para siempre los cimientos de la oligárquica democracia colombiana.

Ya en los años treinta Gaitán quiso romper con el bipartidismo que históricamente había concentrado el poder en manos liberales y conservadoras, y crear un nuevo partido purgado de vicios elitistas. Lo movían dos imperativos: acabar con la enemistad irracional entre partidos que había detonado varias guerras civiles en el siglo XIX y estaba dejando nuevos muertos en los campos desde 1930, y llevar al pueblo al poder. La Unión Nacional de Izquierda Revolucionaria, como se llamó esa tentativa, la UNIR, fue fugaz, pero aun así le sirvió a Gaitán para proyectarse como un líder distinto, escorado hacia el campo nacional-popular que recibía la influencia de fenómenos latinoamericanos como el APRA de Haya de la Torre y la Revolución mexicana.

El programa de la UNIR promovía el corporativismo como modelo que otorgaba al Estado la función de arbitraje entre el trabajo y el capital, y revelaba cierta fascinación por la mística y el vitalismo de raigambre fascista. Gaitán invitaba a las masas y a los jóvenes a «entender la vida como una batalla permanente con el derecho a la fruición de ser derrotados, pero jamás vencidos».[2] Su ambición fue forjar una nueva estirpe de políticos desinteresados, que no atendieran a la burocracia sino a propósitos elevados; «hombres de carácter incorruptible, disciplinados, fuertes, laboriosos —decía—, que trabajen en el plano de la construcción de la obra de la revolución».[3]

Lo que más despreció en los políticos colombianos, liberales y conservadores por igual, fue precisamente eso, su ligereza ideológica, la subordinación de las ideas a los intereses económicos y a la miserable canonjía. Gaitán era un hombre doctrinario y sectario para quien la política se acercaba al misticismo, al deber moral; por eso abominó de toda la clase política del país, tachándola de oligárquica

[2] Jorge Eliécer Gaitán. «El manifiesto del Unirismo». En: *Gaitán. Antología de su pensamiento social y económico*. Bogotá, Ediciones Suramérica Ltda., 1968, p. 255.
[3] *Ibid.* p. 256.

y corrompida. La pureza estaba en otra parte, no en el Congreso sino fuera de él, en la calle, en los campos, en los barrios. Y eran esas gentes, el pueblo, quienes debían ser incluidas en el proyecto nacional. El tiempo de la oligarquía había terminado; Gaitán iba a gobernar con el pueblo y para el pueblo.

Esta dicotomía, este enfrentamiento profético y apocalíptico entre pueblo y oligarquía o entre «país nacional» y «país político», sería el punto clave, el motor pulsional del populismo gaitanista. Se manifestaría con mucha más contundencia a partir de 1945, cuando Gaitán decidió postularse a la presidencia de Colombia. Su candidatura fue en realidad una disidencia radical, mucho más izquierdista, que sentenció la división del liberalismo y su derrota en las urnas. Poco importó que no hubiera ganado entonces.

Gaitán entraba en escena, pisaba la plaza pública, se escoraba en los balcones justo cuando el fascismo era erradicado de Europa y una nueva ola democratizadora barría a los dictadores de los años treinta. El signo de los tiempos era ese, la democracia, y por eso los caudillos autocráticos al estilo de Perón, Getulio Vargas y Carlos Ibáñez, o también bolivarianos como Velasco Ibarra, tuvieron que controlar sus impulsos filofascistas o autoritarios. Como todos ellos, Gaitán conservó ciertos automatismos fascistas que iban desde el liderazgo carismático a la retórica altisonante y la gestualidad y performatividad mussolinianas. No importaba: lo nuevo del populismo es que incorporaba toda esta parafernalia en la contienda democrática, agregándole además rasgos típicamente americanos: la defensa del ideal y la restauración moral.

Todos los populistas son moralistas, pero los latinoamericanos además son arielistas: defienden sus actos en nombre del ideal, esa guía prístina, incubada en lo profundo del espíritu humano, que protege el carácter de toda tentación mundana. El hombre que fija su vista en ese plano puede acabar defendiendo ideas erradas, pero su proceder siempre será acertado, su carácter siempre será el adecuado. Gaitán, por ejemplo, detestaba las ideas de su mayor enemigo, Laureano Gómez, pero admiraba su inflexibilidad, su persistencia en la derrota, su cruzada por la preservación moral y doctrinaria de su partido. Entre los dos sembraron las minas que luego incendiarían Colombia.

Refiriéndose a Gaitán, Daniel Pécaut decía que «el populismo alimenta, a pesar suyo, la marcha hacia la Violencia».[4] Sospecho que tiene razón, y sobran los casos de gobiernos populistas —los de Perón, el de Chávez, el de Maduro, el de Ortega, el de Evo Morales— que acaban en violencia. La fractura social expresada en términos morales —oligarquía corrupta, pueblo virtuoso— es una bomba de relojería. En Colombia lo fue en los años cuarenta, cuando Laureano Gómez y Gaitán sacaron su artillería retórica a la plaza pública. «¡Pueblo, por la restauración moral, a la carga!», gritaba el segundo. «¡Pueblo, por vuestra victoria, a la carga! ¡Pueblo, por la derrota de la oligarquía, a la carga!». Gaitán había convertido a las masas en un ariete moralizante que se abalanzaría sobre un establecimiento corrupto. La lucha era sencilla, obvia. Ya no se trataba de oponer el liberalismo al conservatismo, ni el proletariado a la burguesía, sino esas hordas gigantescas contra un círculo ínfimo y oligárquico que despreciaba al pueblo y a la raza india de la que Gaitán se enorgullecía. Todo esto, además, en un contexto cada vez más violento. Solo faltaba que Gaitán fuera asesinado el 9 de abril de 1948 para que el país entero estallara.

Dos meses antes de su asesinato, Gaitán había escenificado uno de esos espectáculos de masas que tanto lo habían impresionado en la Italia fascista. Alarmado por el asesinato de liberales en los campos,

---

[4] Daniel Pécaut. *Orden y violencia: Colombia 1930-1953*. Medellín, Fondo Editorial EAFIT, 2012, p. 498.

Gaitán convocó una Manifestación del silencio en la Plaza de Bolívar, justo en las narices del presidente Ospina Pérez, a la que asistió una cuarta parte de la población bogotana. Como su nombre lo indicaba, los participantes marcharon en el más ominoso y aterrador mutismo, cargando banderas negras —en otra anterior habían cargado antorchas—, esperando las palabras de su líder. Gaitán fue implacable, amenazador. «Bien comprendéis —le dijo a Ospina Pérez— que un partido que logra esto muy fácilmente podría reaccionar bajo el estímulo de la legítima defensa».[5]

El líder había pedido en esa ocasión silencio, pero también podía pedir ruido; eso era lo que estaba diciendo. La marcha era una exhibición de músculo callejero, una demostración de que el «país nacional» podía fácilmente aplastar al «país político». El resultado, lo sabemos, fue el asesinato de Gaitán y la erupción de un volcán social anárquico y difuso, que a falta de un nuevo líder se consumió en un acto irracional de violencia revanchista. Diez años tardaría en aplacarse el huracán. Para entonces el gaitanismo no era más que un mito a la espera de un nuevo populista que lo reviviera.

Tres

Como Gaitán nunca llegó al poder, las consecuencias del populismo y del iliberalismo no pudieron calibrarse del todo bien en Colombia. Todo quedó en una promesa truncada de lo que pudo ser y no fue, de la pureza popular que pudo limpiar, como Hércules con los establos de Augías, la suciedad oligárquica de la República. Eso no significa que hasta ahí hubiera llegado la aventura populista, en absoluto. Le correspondería a otro hombre, muy distinto, el general Gustavo

---

[5] José Eliecer Gaitán. «Oración por la paz». En: *op.cit.,* p. 412.

Rojas Pinilla, tomar las banderas populistas para tratar de gobernar a Colombia.

Su entrada en esta historia ocurre a principios de los años cincuenta, durante el mandato del gran enemigo de Gaitán, Laureano Gómez. El Partido Liberal, remecido por la muerte de Gaitán, había decidido no presentarse a las elecciones presidenciales de 1949, y con el camino despejado el triunfo fue del jefe del Partido Conservador. Gómez lo tuvo fácil para ganar pero no para gobernar. Difícilmente hubo un político en la historia de Colombia que generara más recelo. Por lo general fue detestado, y aquel sentimiento no fue potestad de los liberales. Copartidarios suyos como Los Leopardos, la secta fascista enquistada en el conservatismo, abominaron de él, y también los moderados que rodearon a Mariano Ospina Pérez. Ni qué decir de sus antagonistas, los liberales y los gaitanistas y los comunistas: todos lo combatieron y a la larga todos contribuyeron a que su presidencia fuera interrumpida por un golpe militar.

También es cierto que la presidencia de Gómez careció de toda garantía democrática. El Congreso, que había cesado funciones desde noviembre de 1949, siguió cerrado quince meses más durante su Gobierno. La figura del Estado de sitio se perpetuó hasta hacerse costumbre, y la violencia —para ese entonces la Violencia— se extendió por el país entero. Para colmo, Gómez sufrió un par de ataques cardíacos que lo forzaron a dejar la presidencia temporalmente, mientras se recuperaba, en manos de Roberto Urdaneta. Fue cuando quiso recuperar el mando que todos sus enemigos se movilizaron para entorpecer su empeño. Buscando una alternativa que lo sucediera en el poder, generaron un vacío de poder que aprovechó el jefe de las fuerzas militares, el general Rojas Pinilla.

Tanto odio generaba Gómez que el país entero, ingenuamente, celebró el golpe. «Cesó la horrible noche», se dijo entonces por primera vez. Llegaba al poder un «segundo Bolívar», el «libertador» que frenaría la Violencia, se dijo. Y hubo tal euforia que al final se dijo que Colombia no había padecido un golpe militar, sino un «golpe de opinión». Rojas respaldó ese eufemismo con posteriores declaraciones. «La constitucionalidad del Gobierno está respaldada por la opinión popular»,[6] dijo. El pueblo quería un cambio y él se lo había dado, y la Asamblea Nacional Constituyente que regía desde los tiempos de Laureano Gómez le dio la razón.

Tutelado por las figuras de Cristo y Bolívar, Rojas Pinilla se afianzó en el poder; desde ahí convocó a las masas, pretendió forjar una alianza entre las fuerzas armadas y el pueblo, algo parecido a lo que después trataría de hacer el general Velasco Alvarado en Perú, que obrara el milagro gaitanista: superar las pasiones partidistas y formar un gran bloque popular-militar capaz de avasallar a «las oligarquías resentidas». Eso no solo frenaría la sangría de los campos, sino que lo atornillaría en el poder.

El Gobierno de Rojas Pinilla fue nacionalista, bolivariano, cristiano y militarista, elementos muy conservadores que, sin embargo, obtuvieron un fulgor revolucionario debido a su deslinde antipartidista y antiestablecimiento, a su vocación popular y a su pasión antiologárquica. Eso era el populismo, en definitiva, un pensamiento conservador y autoritario propulsado por un desprecio a las instituciones y a la legalidad, un instinto reaccionario y un impulso revolucionario: las peores taras de distintas familias políticas.

Rojas Pinilla estaba siguiendo los mismos pasos de Perón. Propició la renuncia de los miembros de la Corte Suprema de Justicia y los reemplazó por ocho liberales y ocho conservadores escogidos a dedo por el poder Ejecutivo. Algo similar hizo luego con la Constituyente. Aumentó su número para llenarla de partidarios provenientes de las Fuerzas Armadas y de la Iglesia, asegurándose así una legislación

---

6 Jorge Giraldo Ramírez. *Populistas a la colombiana*. Bogotá, Debate, 2018, p. 91.

confeccionada a su medida. La decisión más importante de esta Asamblea Constituyente, y esto no debe extrañar a nadie porque para eso reforman los populistas las constituciones, fue aprobar la reelección del dictador para un nuevo período, el que iba de 1954 a 1958.

Al mismo tiempo, Rojas Pinilla censuró a la prensa porque los periodistas, como él mismo decía, defendían los intereses de sus pagadores. «Solo el Jefe del Estado representa[ba] la opinión pública», y por lo mismo era «el único autorizado a hablar en su nombre».[7] Persiguió a los comunistas, amplió la base electoral legalizando el voto femenino, y creó tres instituciones que serían fundamentales para legitimar su acción de Gobierno: la Dirección de Información y Propaganda, encargada de convencer al público de que Rojas Pinilla era un Segundo Libertador, la reencarnación de Bolívar; la Secretaría Nacional de Asistencia Social, Sendas, al frente de la cual puso a su hija María Eugenia, que pretendió emular la labor social de Evita Duarte; y el Consejo Sindical Nacional, que le sirvió a Rojas para tener ascendencia sobre los trabajadores. Propaganda, asistencialismo y clientelismo: la fórmula populista.

La aprobación de Rojas Pinilla empezó a debilitase cuando las muestras de autoritarismo se hicieron evidentes. En 1954 el ejército mató a varios estudiantes, y en 1956 los partidarios de la dictadura dieron una paliza ejemplarizante, con ocho muertos, a quienes abuchearon a la hija del general durante una corrida de toros. Para frenar el desmoronamiento del apoyo popular, a mediados de 1956 Rojas creó su propio movimiento, la Tercera Fuerza, bajo el lema «Dios y Patria». Además de discursos plagados de alusiones antioligárquicas y de la invocación a Cristo y a Bolívar, los militares y civiles que asistieron al acto tuvieron que hacer un juramento: «Luchar hasta la

---

[7] Carlos H. Urán. *Rojas y la manipulación del poder*. Bogotá, Carlos Valencia Editores, 1983, p. 92.

muerte por la supremacía de la Tercer Fuerza».[8] Nada de esto impidió, al contrario, la pérdida de brillo del general. La Iglesia le quitó su apoyo y finalmente, cuando el ministro de Guerra Gabriel París insinuó que el ejército pretendía extender el mandato de Rojas Pinilla hasta 1962, el país se le vino encima en mayo de 1957. El militar actuó entonces con discreción, negándose a sacar los tanques a la calle. «Sería un contrasentido —explicó en su carta de dimisión— que quien le dio la paz a la nación y buscó la convivencia ciudadana fuera el causante de nuevas y dolorosas tragedias».[9] Acababa la única dictadura militar del siglo XX en Colombia, pero no el rojaspinillismo. Respaldado por gaitanistas y el *Duce* colombiano, Gilberto Alzate Avendaño, esa tercera fuerza tendría una nueva oportunidad como movimiento populista.

Cuatro

Algunos militares lo lograron, otros no. Perón, Getulio Vargas o Carlos Ibáñez consiguieron quitarse la herrumbre dictatorial y cambiar el uniforme por la corbata para ganar elecciones democráticas; otros, como el peruano Manuel A. Odría, siguieron el juego peronista, convirtieron algún pariente en otra Evita, ampliaron la base electoral legalizando el voto femenino y se adjudicaron la representación de los marginados, y aun así pasaron a la historia como dictadores plúmbeos y mediocres. El caso de Rojas Pinilla se encuentra a medio camino entre uno y otro. También él se quitó el uniforme militar y formó en 1961 su propio partido político, la Alianza Nacional Popular (Anapo); y también él hizo una nueva síntesis de ideas muy conser-

[8] *Ibid.*, p. 99.
[9] *Ibid*, p. 115.

vadoras —el nacionalismo, el cristianismo y el bolivarianismo— con propuestas nacional-populares próximas al gaitanismo y al socialismo no marxista, e incluso a las inquietudes radicales de los sesenta: el antiimperialismo y el tercermundismo.

Su proyecto político, tan iliberal como antes pero ahora enmarcado en el juego democrático, suponía sumar al pueblo para instaurar una «democracia auténtica» que rivalizara con el Frente Nacional, la alianza que liberales y conservadores fraguaron tras el fin de la dictadura para suavizar el odio partidista y pacificar el país.

La Anapo quería implantar un Estado benefactor, moralizante y protector, que liberara a Colombia de la situación colonial en la que la habían sumido las oligarquías tradicionales, los de siempre. Proponían una «revolución nacionalista y popular en los órdenes jurídico, económico, social y cultural»,[10] que devolviera la soberanía y la dignidad y que transformara por completo el Estado. Esas medidas, como explicaba Marco Palacios, suponían desmitificar la división de poderes, luchar contra la «maraña jurídica» que solo ocultaba la «explotación económica», e impedir que los poderes públicos siguieran siendo «los instrumentos de desequilibrio social».[11]

Al igual que el peronismo o el getulismo, la particularidad del anapismo fue darles a las ideas conservadoras un semblante revolucionario; incluso, como decía Gonzalo Sánchez, permitirles a muchos conservadores reciclarse en izquierdistas. El nacionalismo ofrecía esa oportunidad, obraba el milagro. Bastaba poner el énfasis en el compromiso antiimperialista y emancipador, antiburgués y antioligárquico, para convertir a un conservador católico en un enemigo del

---

[10] Cesión parlamentaria de julio 26 de 1966. Citada en: César Augusto Ayala Diago. *La explosión del populismo en Colombia. Anapo y la participación política durante el Frente Nacional.* Bogotá, Universidad Nacional de Colombia, 2011, p. 277.

[11] Marco Palacio. *El populismo en Colombia.* Bogotá, Ediciones el Tigre de Papel y Editorial Siuasinza, 1971, p. 95.

capital internacional o del intervencionismo yanqui, y en un defensor del destino americanista de Colombia. Hasta Golconda, una asociación de sacerdotes influenciados por la Teología de la Liberación, acabó respaldando a Rojas.

Nada de esto era extraño en el contexto latinoamericano. En Argentina fue el peronista John William Cooke quien, deslumbrado por la Revolución cubana, estuvo seguro de que el destino del justicialismo era confluir con el castrismo. Fue un momento muy particular de la historia latinoamericana en el que se produjeron extrañas mutaciones. El poeta Eduardo Carranza, por ejemplo, pasó de militar con Alzate Avendaño en la ultraderechista Acción Nacionalista Popular a celebrar las gestas del *Che* Guevara, mientras varios jóvenes fascistas argentinos que militaban en Tacuara, una secta clerical y ultraderechista, se reciclaban en montoneros izquierdistas. La Iglesia, los nacionalistas y hasta los fascistas, todos ellos enemigos de los yanquis y del capitalismo, se dieron cuenta de que podían cambiar su filiación mussoliniana por otra de estirpe americanista: Fidel Castro.

Hasta la violencia cambió de bando. Si antes habían sido derechistas al estilo del sacerdote argentino Julio Meinvielle quienes legitimaban su uso político, en los sesenta serían los izquierdistas quienes la defenderían como medio para llegar al poder.

Los jóvenes que militaban en la ANAPO no pudieron sustraerse al ambiente y también somatizaron todos estos cambios. A partir de los sesenta las ideas reaccionarias se convirtieron en un dique antioligárquico, que además frenaban al imperialismo y a sus mercaderes vendepatrias. Bolívar adquiría un brillo americanista y emancipador, y el nacionalismo pasó de acalorar las mentes de los generales a vibrar en el tercermundista corazón de los jóvenes libertadores. Faltaba una chispa para que esos jóvenes fascinados con la subversión de la época dieran un paso adelante, y la chispa, por supuesto, saltó.

Las elecciones de 1970 en las que Rojas Pinilla se presentó con serias opciones de victoria y que finalmente perdió, no fueron reconocidas por los anapistas. Hubo fraude, reclamaron, y el fantasma del 9 de abril volvió a alarmar al país. Finalmente, no hubo desmanes, pero sí se enquistó la idea de que la democracia colombiana jamás permitiría la irrupción de un nuevo partido antioligárquico. Cuatro años después, la sospecha de fraude sirvió de excusa a algunos jóvenes anapistas, como Carlos Pizarro, que siguieron los pasos de los peronistas: tomaron las armas y formaron luego una guerrilla izquierdista y nacionalista, el M-19, tutelada por un gran líder patriótico. Si en el caso de los argentinos fue Perón, en el de los colombianos sería Bolívar. El 17 de enero de 1974 se darían a conocer con aquella gesta espectacular, la gran performance autopublicitaria que los puso en los titulares del país entero, y cuyo botín fue la espada de Bolívar. La misma que Petro se empeñó en exhibir durante su posesión presidencial cuarenta y ocho años después.

Cinco

A la larga, sin embargo, no fue Petro quien logró vencer al bipartidismo colombiano. Esa hazaña le correspondió a un líder muy distinto, también inmensamente popular, tan católico como Rojas Pinilla pero mucho más proclive al capitalismo y a la inversión extranjera, y sobre todo enemigo del bolivarianismo de izquierda que estaba esparciéndose por el continente a comienzos del siglo XXI: Álvaro Uribe Vélez.

Su llegada a la presidencia estuvo precedida por un planteamiento simple, seguridad democrática, y un eslogan que apelaba al orden y al perdón: «Mano firme, corazón grande». Ambos mensajes aludían a lo mismo, a recuperar el país que las Farc les había arrebatado a los colombianos. Lo tuvo fácil: nada más sencillo que aglutinar al país entero en contra del legado ominoso de las luchas guerrilleras en Colombia, en especial de la crueldad fariana. Sus éxitos en materia de seguridad y algunos golpes de efecto geniales, como la liberación de Ingrid Betancourt, dispararon su popularidad. También lo ayudó mucho establecer un contacto directo con el pueblo a través de los Consejos comunitarios, reuniones con autoridades locales de todo el país que se trasmitían en directo por televisión. El populismo del siglo XXI ha tenido ese elemento notable, la ubicuidad del presidente en las pantallas. Chávez, primero, luego presidentes como Andrés Manuel López Obrador, en México, han querido convertirse en el emisor de la noticia, explicarle directamente al pueblo qué ocurre. La consecuencia directa es el choque con la prensa, porque el periodista, a menos que se convierta en un simple amplificador de la versión oficial, empieza a sobrar. Uribe no fue la excepción a esta regla.

Pero más allá de sus choques con los medios, el momento populista de Uribe llegó en 2005, cuando decidió promover un cambio constitucional que deshacía consensos implícitos en la política colombiana. Con el apoyo de un partido nuevo, el Partido de la Unión por la Gente, que en realidad era el Partido de la U, es decir, el Partido de Uribe, el presidente logró impulsar la modificación del artículo que impedía la reelección presidencial.

Se trataba de una reforma con nombre propio, pues nadie albergaba duda alguna sobre quién ganaría las elecciones de 2006. Luego, para colmo, se sabría que esa reelección había sido comprada con el soborno de al menos dos congresistas, lo cual le restaba toda idoneidad a un proceso que introducía desequilibrios nocivos en el juego de fuerzas institucionales.

Más grave aún fue el intento de Uribe de extender su mandato con una segunda reelección. El argumento que usó para justificar su permanencia en el poder fue típicamente populista. En 2009 empezó a colar en sus alocuciones públicas una idea extraña, sospechosa. Colombia estaba en la fase superior del Estado de derecho, decía, que era «el Estado de Opinión». ¿Qué significaba exactamente eso, a qué aludía? Nunca quedó del todo claro, pero se prestaba a interpretaciones inquietantes. ¿Que la voz del pueblo, esa opinión pública que tan favorable le era, debía prevalecer sobre el control constitucional y judicial?

En medio de enormes tensiones entre la Presidencia y las Cortes, el referendo reeleccionista que pretendía soslayar los impedimentos de una tercera candidatura se estrelló con la negativa de los magistrados. En 2010 Uribe tuvo que abandonar el poder. Eso no significó que abandonara la vida pública, desde luego, porque el líder carismático no se jubila nunca, sigue en activo desde las redes sociales, los medios o el Congreso, polarizando y exaltando al electorado. Rafael Correa, Evo Morales y Cristina Kirchner son ejemplos notables, pero también Uribe, que como senador y líder de su partido, el Centro Democrático, se convirtió en el mayor opositor al proceso de paz liderado por su antiguo aliado, Juan Manuel Santos.

Su campaña en contra del referendo que debía ratificar los acuerdos con las FARC, llena de mensajes alarmistas que señalaban a un nuevo enemigo, el «castrochavismo», dieron resultado. Ganó el «No» y el uribismo, esta vez con Iván Duque a la cabeza, recuperó la presidencia. El triunfo, sin embargo, se convertiría en derrota cuando la opinión pública empezó a ver podredumbre donde antes veía brillo.

Señalado como «enemigo de la paz», salpicado por procesos penales y acosado por el terrible escándalo de los falsos positivos —más de seis mil jóvenes asesinados por el ejército para engordar las bajas antisubversivas—, Uribe cayó en desgracia. El error de oponerse a la paz de Santos lo pagó de dos formas: con el ocaso de una era en la que fue considerado el Gran Colombiano, más importante en la historia del país incluso que Bolívar, y con el triunfo político de su rival político, Gustavo Petro, que llegó a la presidencia arropado con las banderas de la paz, del amor y de la «política de la vida», obvio.

Seis

Y así volvemos al principio, a Petro, al heredero de la tradición populista colombiana que se identifica con Gaitán y la Anapo, y que se encomienda pletórico a la figura tutelar de Bolívar y al ejemplo de Cristo. Él mismo lo decía: su amor a los pobres, motor de todas sus luchas, no lo aprendió del marxismo «sino del cristianismo liberador»,[12] al que se sumaba un Bolívar americanista, creador de un ejército popular capaz de liberar la patria de nocivas fuerzas extranjeras. En el siglo XIX fueron los españoles; ahora vendrían a ser el neoliberalismo, el capital y la «mentalidad oligárquica».

Si como guerrillero del M-19 quiso crear una «línea militar de masas», como populista ha querido crear multitudes. Ese amor al pueblo debe servir para atraer a la masa, para acaudillarla y convertirla en un poderoso músculo callejero.

En sus memorias Petro recordaba sus días en el «Eme», la vez que movilizó al pueblo para que se tomara unas tierras que luego servirían para erigir un barrio, no casualmente llamado Bolívar 83. Se trataba de la fantasía revolucionaria y popular por excelencia: la conquista social a través de la movilización de las masas, de la acción intrépida y de los hechos consumados; la creación de una especie de ejército popular destinado a liberar a los pobres de su yugo.

Esta fantasía no ha desaparecido, y por el contrario sigue muy vigente en la manera de concebir la política de Petro. La masa es el ariete que golpea y cambia la historia. No las leyes ni las institucio-

---

[12] Gustavo Petro. *Op. cit.*, p. 38.

nes, la multitud. El amor del pueblo es el músculo del populista, su fuente de energía, su droga. Hablando de la campaña presidencial que lo llevó al Palacio de Nariño, Petro hablaba con admiración de los discursos públicos de Gaitán y de Alfonso López Pumarejo. Ese era su ejemplo, su referente.

Quiso sumarse a su legado y el resultado, en sus propias palabras, fue mágico, una «campaña mágica». «Las plazas se llenaron, eran océanos de gente —decía—. Era una energía popular que se había decidido, que veía en mí el instrumento para cambiar la historia del país».[13] «Inspirado como el artista», pronunciaba discursos tocados por la «gracia de García Márquez». La palabra volaba «en el viento», entraba «en el corazón», se volvía «huracán» y obraba el milagro: «genera[ba] la multitud, única transformadora de la historia».[14]

Así describía el propio Petro su desempeño en la plaza pública. No como la gesta de un político sino de un creador cuya mayor obra era el pueblo, la forja de una masa hechizada por su oratoria, dispuesta a seguirlo en cada una de sus decisiones. Más que en la revolución marxista, Petro cree en la fuerza del amor, en una «política del amor» que se opone, claro, a las políticas de la muerte encarnadas en el neoliberalismo, la economía extractiva y el capitalismo que no retrocede ante la emergencia climática. Siente una clara afinidad por el pensamiento cepalista que promulgó en los cincuenta y sesenta la sustitución de importaciones y el nacionalismo económico, y defiende los sistemas populistas latinoamericanos hasta el punto de compararlos con la socialdemocracia europea. Olvida que una cosa es el asistencialismo que se le da al pueblo amado, y otra muy distinta los derechos que se le tienen que garantizar al ciudadano, se le quiera o no. Una cosa fomenta el paternalismo asistencialista y las relaciones

13 *Ibid.*, p. 318.
14 *Ibid.*, p. 318.

clientelares; la otra, la creación de instituciones encargadas de cumplir con los compromisos legales del Estado.

Petro siente que su llegada al poder, de la mano de los pobres, es un hito histórico. La misión que se ha impuesto no es poca cosa: cambiar la historia de Colombia, guiar a la humanidad por la senda ecológica. Recibe el legado profético de García Márquez y la herencia militar de Simón Bolívar para iniciar un ciclo nuevo de batallas contra las penumbras.

En pie de lucha, como buen latinoamericano, Aureliano-Petro ha asumido el compromiso de escribir la segunda parte de *Cien años de soledad* en la realidad y darles esa segunda oportunidad a los condenados. Ojalá eso no suponga quitársela a los demás.

La realidad entera: Elián, populismo y propaganda en los estertores del castrismo

Carlos Manuel Álvarez

Cárdenas, un par de horas al este de La Habana, fue el pueblo costero que me quitó el asma y me regaló a Fidel Castro, dos formas íntimas de la asfixia. Me mudé allí a los ocho años, junto a mi madre y mi padrastro. En el momento hubiese preferido seguir en Colón, un municipio un poco más modesto, sin mar y con abuelos, pero la ternura desbordada no enseña a vivir. Pasé de una vieja casa de madera de comienzos de siglo, amplia y destruida, a un minúsculo apartamento de microbrigada recién hecho, por el que nadie había transitado nunca.

Mi estupor inauguraba aquel lugar, y fue ahí donde conocí el primer destierro y el único que contiene todos los demás. No tanto por moverme de un lugar a otro, que es la forma convencional del éxodo, sino por haber sido entregado a tiempo completo al mundo de los padres, un mundo con ideología, de gente que produce, que va al trabajo y que luego tiene el deber de prepararte. Conocí los periódicos y los noticieros y la escuela me obsequió entre himnos y matutinos la flor de la doctrina. Prepararte es una palabra extraña, como si te entrenaran para una competencia que nadie sabe en qué consiste, y sin embargo es la palabra que es.

La política llegó tan temprano a mi vida, y de modo tan grosero, tan feroz, que agotó muy rápidamente las escalas del entusiasmo y deformó de manera dramática mi sensibilidad. Para convertirme en individuo, tuve más tarde que batallar contra el engolamiento de la emoción, propio de una educación social y familiar inscrita en el magma impostado de la épica. En la primaria y secundaria, leía novelas de realismo socialista, conocía al dedillo las canciones más combativas de Silvio Rodríguez, declamaba poemas al *Che* Guevara y me estremecía con la historia de la Patria. Había un comercio trascendente con la idea de la muerte y la inmolación como virtud.

En la tanda infantil de la televisión pasaban unas aventuras sobre dos héroes guerrilleros que habían subido a la Sierra Maestra casi niños para enfrentarse al ejército de Batista. Yo quería convertirme en un alzado, pero mi madre, entre el enojo y la burla, y también como una suerte de protección ante el delirio, me respondía que cómo me iba a alzar si apenas resistía bañarme con agua fría, medida terapéutica contra el asma y la alergia. Supuestamente evitábamos así los cambios bruscos de temperatura y el rebrote de la enfermedad, aunque yo creo que aquella costumbre tenía más bien que ver con la búsqueda de cierta disciplina basada en el sacrificio, una incomodidad un tanto voluntaria, el temple adquirido a través de las vicisitudes físicas.

Como si no fuese suficiente el hecho de vivir en un país en crisis, cargado de apagones y apenas sin transporte, me parecía que algunas de nuestras escaseces eran parcialmente buscadas, o al menos no combatidas, cumpliendo con estoicismo la trampa cínica que proclamaba dignidad en la pobreza y cobardía en la queja.

Aquel método se balanceaba entre lo solemne y lo burlesco. Solemne, porque mi padrastro era un hombre incapaz de robarse nada de los hoteles donde laboraba, en medio de unos años en los que todo el mundo desfalcaba lo que podía. Mi tutela estaba en manos de un comunista que había vivido hasta entonces, y continúa hasta hoy, como si la Crisis de los Misiles no hubiese concluido jamás, como si el peligro inminente de una bomba nuclear pendiera todavía sobre nuestras cabezas soberanas. Burlesco, porque en aquel país corrupto, principalmente después de la caída del Bloque del Este, el sainete social y el descreimiento colectivo desbarataban cualquier convicción personal que no fuese la pulsión de supervivencia más básica. No había ya espacio para las ideas. En su sentido último, la castidad revolucionaria exigía tu devastación. Por otra parte, ¿qué había más honesto que todos esos ladrones que a diario robaban lo que fuera para garantizarles a sus hijos un plato de comida?

En el apartamento no hubo mesa de comedor durante los primeros años, tampoco televisor ni radio, y mi prenda más fastuosa era un abrigo de los Chicago Bulls que mi padrastro había traído de un viaje de trabajo a Ciudad de México en el otoño de 1996. Cenábamos con un mantel en el suelo y, cuando ya hubo televisor, los domingos en la noche nos sentábamos todos a ver una serie biográfica de Verdi, lo que se volvió un gusto adquirido. Así lo determinaba mi padrastro. Quería que yo aprendiera, pero si yo miraba partidos de beisbol en casa de algún vecino, él consideraba que eso no era aprender. No lo prohibía, pero no lo celebraba.

En aquel hombre, por el que profeso una profunda devoción, convivían el ejemplar militante del Partido y un sujeto más íntimo y quebradizo, al que yo tuve acceso como casi nadie, que cargaba en su cartera sin billetes un recorte de periódico impreso con una plegaria de Lezama Lima: «Ángel de la jiribilla, ruega por nosotros. Y sonríe. Obliga a que suceda. Enseña una de tus alas, lee: Realízate, cúmplete, sé anterior a la muerte. Repite: Lo imposible al actuar sobre lo posible, engendra un posible en la infinidad».

Mi padrastro había descubierto a Lezama, y aquel rezo profano suyo, hacía muy poco tiempo, luego de que en la década de los noventa la política cultural del Estado decidiera rescatarlo como figura principal de las letras cubanas, sin reparación alguna de la injusticia histórica que, por homosexual y escritor barroco insuficientemente comprometido con la causa revolucionaria, lo había enterrado en vida, impidiéndole viajar al extranjero, censurando la publicación de sus obras y confinándolo a una soledad absurda y cruel.

En nuestro apartamento había muchos libros, entre ellos varios de Lezama. No tenía bicicletas, patines ni ninguna consola de videojuego, pero desarrollé rápidamente la ambición de doble filo de querer impresionar a los demás. En ese entonces, los demás eran los adultos. Mi padrastro me repasaba matemáticas y ciencias naturales y me regalaba diccionarios o algún nuevo volumen de Verne o Salgari casi cada semana. Cuando ya creces, la idea de querer impresionar debería quedar desplazada y olvidada. La impresión que busca generar el niño en los otros pasa justo por la exhibición de sus aptitudes de adulto, tener más edad que la que tiene, poseer destrezas que aún no le corresponden, cualidades que lo adelantan en el camino del éxito. Nociones todas que no tienen sentido.

También jugaba mucho ajedrez. Dejé de hacerlo porque en la medida en que el mundo se ensanchaba —de la familia al barrio, del barrio al municipio, del municipio a la provincia— me convertía en un jugador cada vez más ordinario. Crecer es entrar en tu normalidad, y en aquel momento todavía pensaba, como todos los hombres, que podía haber en mí algo excepcional. Me apartaba de cualquier evidencia que sugiriera lo contrario, hasta que la evidencia fue la realidad entera y ya no hubo nada que evadir.

Un tirano es justo alguien que emprende la ruta inversa. Cualquier proporción que domine, la reduce a las dimensiones opresivas de un gueto. Empequeñece el mundo para que la aldea confirme su excepcionalidad, y es malcriado y caprichoso como un niño. Ha habido tiranos de toda condición y pelaje, extravagantes y bárbaros, tímidos y tartamudos, amantes de los versos y la lira, guerreros y oradores, pero no hay uno que no haya sido malcriado y caprichoso. Esa es la razón por la que, cuando conocí a Fidel Castro a mis diez años, lo que me encontré fue un semejante. Era moneda corriente el tipo de afecto entusiasta que provocaba en los niños, proporcional al miedo que generaba entre los adultos.

Para quien haya vivido bajo su feudo, halla una mutilación del sujeto adulto en el amor hacia Fidel Castro, el deseo de mantener vivo un sentimiento subsidiado, que no te cuesta nada, que fue inducido y solo exige de ti obediencia o convencimiento. Ni siquiera es necesaria la reverencia. La gente que amaba a Fidel Castro poseía siempre un temor atávico, una especie de susto que provenía justo del cariño. La libertad se perdía por exceso de pasión, por desgañitamiento. Las consignas y los hurras en los actos multitudinarios de propaganda acallaban la verdad del cuerpo, que era un cuerpo esclavo, puesto que la esclavitud es estridente, y la libertad, discreta.

El punto de quiebre del totalitarismo, lo que lo vuelve tan pujante, es que el individuo tiene que llegar a dudar de aquello que lo estremece, de aquello que es su emoción y sus lágrimas. Era fácil amar a Fidel Castro, solo había que seguir viviendo, dejando correr lo que éramos o se suponía que debíamos ser.

Muchos cubanos, de hecho, enfrentaron el terror y no pudieron desprenderse del amor. Cayeron en prisión, fueron vilipendiados, tuvieron que huir al exilio, pero aun así matizaban sus palabras hacia el máximo líder, rebajaban su responsabilidad en la ejecución de la injusticia o la magnitud del trauma.

Es una tentación patética y, sin embargo, parcialmente entendible. El suicidio político había que matizarlo. En la medida en que Fidel Castro era menos culpable, incluso menos vulgar, la muerte del sujeto adoctrinado, que es casi todo lo que el sujeto ha sido, se volvía menos terrible. El tirano no vive fuera de ti, por lo que dejar de amarlo es una tarea que decide tu vida y que tarde o temprano puede acabar con ella.

En mi apartamento su figura era intocable, tanto como en la escuela. Sin embargo, la potencia de los hechos se filtraba como un susurro en la habitación cerrada de aquellas instituciones y generaba un ruido molesto que yo procuraba desconocer. No alcanzaba, por supuesto, para convertirme en un renegado ni mucho menos, yo era un fervoroso pionero fidelista a quien solo su sentido de la indisciplina lo salvó de convertirse en dirigente estudiantil, con la temprana carga burocrática que eso suponía en un sistema de enseñanza como el cubano. No lo supe hasta mucho después, pero la desobediencia, a veces la más pueril, funcionó como un escudo. La camisa por fuera, la fuga de los turnos de clase, las mentiras en casa, subirse a los coches de caballos y lanzarse luego sin pagar, la necesidad instintiva de escapar del orden impuesto, cualquiera que este fuere.

A ras de suelo, abundaban los chistes sobre Fidel Castro y la desesperante situación económica y política del país. La cotidianidad estaba infestada de gestos y códigos que permitían a la gente desahogar sus penas sin decir exactamente lo que querían decir. Como el oído es el principal órgano del chivato, más incluso que la vista, porque el oído es menos fáctico y permite distorsionar o construir de modo más eficiente el delito de la víctima, la gente hacía un gesto con la mano como de barba crecida para referirse a Castro sin tener que mencionarlo. Aquellas bromas me estrujaban el corazón, sobre todo porque generaban una disonancia irreconciliable. Había dos verdades, y en algún lado mentían.

Barridas por los acontecimientos, es bastante difícil que una institución hoy en Cuba alcance a contrarrestar la evidencia de la debacle histórica del castrismo, pero hace veinticinco años, con el jefe supremo aún vivo, todavía era posible. La retórica funcionaba como un parche que tapaba las goteras. Recuerdo haber crecido en un país empachado de discursos. Si las cosas se ponían difíciles, como en el verano de 1994 en el malecón habanero, Castro mismo se aparecía en persona en el lugar de la protesta y las turbas sublevadas por el hambre y los mosquitos abandonaban sus palos y sus piedras y empezaban a corear el nombre del comandante.

En Cárdenas, como en tantos otros pueblos costeros del noroeste del país, decenas de balsas se lanzaban al mar todos los meses para cruzar el Estrecho de la Florida y llegar a Miami. Los nombres de ahogados y sobrevivientes duraban muy poco en la conversación popular, rápidamente eran sustituidos por otros, y aquella ristra de desesperados dejó de asombrar o interesar a nadie, más allá de los allegados de turno. Se convirtieron todos en un número, una tragedia colosal, y a lo largo de la década de los noventa los náufragos se naturalizaron y se transformaron apenas en un elemento más del folclor postsoviético, junto a las jineteras, los veteranos de guerra, los proxenetas, el dólar y la timba como música de fondo. Uno solo podía captar la atención general si era capaz de cruzar las noventa millas de distancia con Key West en un transporte impensado, como, por ejemplo, una tabla de surf enganchada a una vela.

Hasta que llegó Elián González, un niño de cinco años que el 25 de noviembre de 1999 fue encontrado cerca de Fort Lauderdale, en la costa este de la Florida, por los primos Sam Ciancio y Donato Dalrymple, dos pescadores de mediana edad. Elián llevaba cuarenta y ocho horas a la deriva, amarrado al neumático al que su madre lo encomendó antes de hundirse ella misma en el mar junto a otros once tripulantes de una embarcación de aluminio de catorce pies de largo que días antes había zarpado cerca de las costas de mi pueblo.

Elizabeth Brotons tenía veintiocho años y trabajaba de camarera en el hotel Paradiso-Punta Arenas. Cárdenas, ubicada apenas a unos diez kilómetros del principal polo turístico del país, había perdido su antiguo ritmo propio, marcado por su fábrica de ron y su puerto, para convertirse en la ciudad dormitorio de los trabajadores de Varadero. Allí, como dependiente en el parque Josone, también trabajaba Juan Miguel González, el padre de Elián, un hombre austero, de pocas palabras. Divorciados, Juan Miguel tenía otro hijo recién nacido con Nelsy Carmeta, su nueva esposa, mientras Elizabeth seguía los pasos de Lázaro Munero, el padrastro que coordinó la fuga y que también cargó con él a toda su familia, entre ellos su padre anciano y su madre, convaleciente aún de un infarto.

El bote no zarpó hasta el lunes 22 de noviembre, y el martes 23, cuando se deshicieron del motor fuera de borda para aliviar peso, la embarcación dio una vuelta y todos cayeron al agua. Aparte de Elián, solo se salvó otra pareja. Poco antes, el viernes 19 de noviembre al mediodía, cuando Juan Miguel había ido a recoger a su hijo a la escuela, le dijeron que ya estaba con la madre. En principio no le asombró, pero la casa de Elizabeth permaneció cerrada con candado el fin de semana, mientras el grupo permanecía escondido en el mangle, cerca del municipio Jagüey Grande.

La escuela, un antiguo colegio presbiteriano, se llamaba Marcelo Salado. Su entrada principal quedaba en la calle Calzada entre Concha y Vives, en el corazón del pueblo. La recuerdo pintada de rosado y azul claro, muy bulliciosa en horario de clases. Ahí estudiaba yo, cursaba entonces el quinto grado, cuando todo dio un vuelco formidable. Había llegado el año anterior, en septiembre de 1998, a una primaria en las mismas condiciones paupérrimas que cualquier otra escuela perdida de la geografía cubana municipal. Los pupitres rotos, las aulas casi sin ventanas, libros insuficientes, uniformes reciclados, y algo todavía peor. Como me habían alejado de mis abuelos, que antes me llevaban a casa entre las sesiones de la mañana y la tarde, ahora debía almorzar en el colegio. Siempre me he alimentado poco y mal, y nunca probé los chícharos de color verdoso, la mermelada rancia o las viandas desabridas. Me aturdían la fetidez del comedor y los tan-

ques de desperdicios, donde los alumnos descargaban los restos mez-
clados de sus comidas mosqueadas. Pero muy pronto el panorama
iba a cambiar.

El 6 de diciembre de 1999 Elián cumplió seis años y en la escuela hubo entonces un acto distinto. No era un matutino común, había
cámaras de televisión, excitación entre los estudiantes y un nerviosis-
mo mal disimulado florecía en la cara de los profesores. En Miami,
Lázaro González, tío abuelo de Elián, un desempleado de cincuenta
años que luego del escándalo consiguió un puesto de mecánico, aco-
gió al niño en su casa de la Pequeña Habana, el barrio insigne del
exilio. Inmediatamente, el conflicto bilateral entre Washington y
La Habana se avivó ante un nuevo pretexto. Azuzado por los políticos cubanoamericanos, Lázaro decidió reclamar la custodia de su
sobrino-nieto.

Juan Miguel, por su parte, estaba dispuesto a exigir hasta las últimas consecuencias el regreso de su hijo. Envió una carta al Ministerio
de Relaciones Exteriores y otra al Consejo de Estado pidiendo ayuda.
No hubo respuesta hasta una semana después, cuando recibió una
llamada telefónica: «Ven para La Habana, Fidel quiere verte». Luego
de ese encuentro, mi escuela se convirtió por varios meses en el puesto de mando de la geopolítica cubana. El 16 de diciembre se transmi-
tió por el canal Cubavisión la primera Mesa Redonda, donde Castro
explicaba al pueblo la razón de la nueva cruzada nacional. Aquella
fue su última ofensiva ideológica, la despedida del más importante
estadista del Tercer Mundo, antes de adentrarse por completo en la
decrepitud.

Sobre la causa del regreso de Elián, evidentemente justa, el
régimen cubano remodeló su vasto aparato de información y propaganda y renovó las arcas vacías de muchos de sus símbolos ideológicos.
Al menos hasta hoy han llegado los rescoldos de aquella gesta que
arrancó en el patio de mi escuela a fines de 1999. La Mesa Redonda,

por ejemplo, permanece aún en parrilla en el mismo horario estelar, con el mismo conductor al frente, un antiguo cuadro de la juventud comunista, miope y lambón, la cara picada en acné, que todavía asiente en automático a cuanto eufemismo o mentira escuche, sin contar las que él dice también.

Castro detectó una oportunidad y la aprovechó. Nunca antes otra apuesta suya explotó como esa vez el candor infantil. Articuló la retórica de guerra alrededor de los pioneros, de su amor entre él y nosotros, futuros soldados de la Patria. Volvieron a ponerse de moda unos versos de muy mal gusto de Carilda Oliver Labra: «Ese Fidel insurrecto / respetado por las piñas, / novio de todas las niñas / que tienen el sueño recto». Hablábamos incluso de entregar nuestra sangre si fuese necesario, cambiando los libros por el fusil. Mi cabeza estaba llena de formas melodramáticas de dar la vida. Habiendo todo el mundo peleado ya por el sustento material del castrismo, ahora el puesto de vanguardia les tocaba a los menores de edad.

Una muestra del manejo de la inocencia como combustible para la hoguera de la vejez, es decir, de la subordinación de la posibilidad a la decadencia y del vigor a la enfermedad, eran las canciones de Silvio Rodríguez de corte infantil, que se utilizaban entonces como banda sonora de las arengas televisivas, las tribunas abiertas y de cualquier propaganda antimperialista en general. Había un truco, estimulado por el propio artista. Silvio Rodríguez tenía muchas canciones de apología al castrismo, pero no precisamente esas, y al igualarlas todas en un mismo orden, te empañaban también con una misión programática aquellas bagatelas melódicas que podían decir cosas como: «Cuando yo era chiquito todo quedaba cerca cerquita. / Para llegar al cielo nomás bastaba una subidita».

Hubo un secuestro y una deformación del gusto. La canción quedaba despojada de su sentido directo, lo que nos restaba también el derecho a cualquier lectura particular. Eran temas atados a una exterioridad impuesta, inflamados por la consigna circundante, donde no tenía nada que ver lo que decían ni cómo sonaban. La voz esforzada e inconfundible del cantautor funcionaba como un estímulo pavloviano, y eso es lo que que hace que mucha gente hoy no pueda escuchar nada de Silvio Rodríguez, porque, sea lo que sea que esté diciendo, los remite a un desfile de reafirmación revolucionaria o a un mitin de repudio.

Aquella contaminación de los espacios uniformaba el lenguaje, aplanaba el deseo y corrompía el goce, y uno podía escuchar una nana que te invitaba a visitar la luna solo para acceder al instinto de aniquilar a un yanqui. El caso de Elián le caía a Castro del cielo y le permitía exprimir el jugo retórico a una franja social que no era tan fácil utilizar de modo tan explícito. Eso nos convirtió a muchos pioneros en estrellas prematuras del espectáculo político de masas.

El 5 de enero de 2000, el Servicio de Inmigración y Naturalización de Estados Unidos reconoció el derecho de patria potestad de Juan Miguel González sobre su hijo. Dos días después, los familiares de Elián presentaron una demanda en la Corte estatal para reclamar su custodia. El 10 de enero, un juez del Tribunal de Circuito otorgó la custodia de emergencia a Lázaro González, pero el 12 la fiscal general Janet Reno, oriunda justamente de Miami, respaldó la decisión primera del Servicio de Inmigración y puso un ultimátum de solo cuarenta y ocho horas para devolver a Elián a Cuba con su padre. La orden fue desestimada, desde luego, y el Tribunal de Atlanta terminó rechazando las demandas de asilo político para Elián, pero aprobó el interdicto que por el momento impedía su regreso.

A partir de ahí, lo que siguió fue algo que ha sucedido muchas veces en la historia del castrismo, y el propio Castro lo entendió mejor que nadie: «Nuestra acción debe ser cualitativamente superior: persuasiva y convincente para la opinión pública internacional; sorpresiva, desconcertante, oportuna y contundente para los que, en el seno de la sociedad norteamericana, minoritarios pero poderosos, se oponen al regreso de Elián», dijo. Me llama mucho la atención el reconocimiento en ese discurso del carácter minoritario de quienes se oponían al regreso de Elián. En los hechos, desde Cuba actuábamos como si estuviésemos enfrentando al hemisferio occidental en pleno.

Miami desoyó las señales del mundo real, contrarias a su dolor propio. La estridente caja de resonancia del sur de la Florida se convenció a sí misma, contra los pronunciamientos políticos, legales y mediáticos del Gobierno y la prensa liberal estadounidense, que a Elián podían otorgarle el asilo político solicitado por sus familiares. Llamaban «el diablo» a Castro, pero en tantas cosas seguían siendo su pueblo. Desde las dos orillas se enfrentaban comunidades educadas bajo los mismos tonos y procedimientos, oponiéndose en palabras, pero no en formas. Encerrado en su convencimiento, ¿qué posibilidades tenía el exilio de triunfar? Castro los aventajaba en picardía. Sabía que, diluida toda la alharaca del conflicto bilateral, en el hueso de la situación, el peso de la verdad inclinaba la apuesta hacia su contendiente.

Aun así, el duelo mediático continuó. Elián preguntó por su padre y le regalaron un pony. Lo vestían con ropas de superhéroes gringos. Su prima Marisleysis González, de veintiún años, y quien estuvo hospitalizada varias veces luego del regreso del niño a Cuba, lo llevó a los parques de Disney, seguida constantemente por las cámaras. La vida de Elián se convirtió en un *reality* grotesco, pero muy común en los años de oro del neoliberalismo, que buscaba todo el tiempo mostrar, a través de la abundancia, las bondades capitalistas. Más dulces, más juguetes, más lentejuelas. Acumulación igual a felicidad. Congresistas republicanos como Lincoln Díaz-Balart e Ileana Ros-Lehtinen cargaban al niño en brazos y lo exhibían ondeando banderas gringas, diciéndoles a sus votantes lo que querían oír, una mentira, que el niño podía e iba a quedarse en la capital de los migrantes cubanos.

En la isla, el bulo más repetido pregonaba que, desde el jardín de la casa de sus familiares, Elián había visto pasar un avión, pidiéndole que lo llevara de vuelta a su país. En ese tiempo, hay rostros suyos felices y ajados, postales para cada gusto, y creo que todavía hoy, que ya es padre y un joven comunista memorioso de Castro, Elián no ha encontrado la manera ni las palabras para lidiar con lo que le pasó y en lo que fue convertido en el umbral de la vida. Es bastante probable, además, que se trate de algo sin solución.

Durante su ausencia, nuestra escuela fue reparada, la mala comida desapareció y cada semana corría el rumor de que Castro nos iba a visitar. Entre los alumnos de los grados más altos, cuarto, quinto y sexto, escogían aquellos que destacaban en asignaturas de humanidades para que participaran en matutinos, tribunas abiertas y actos políticos de cualquier índole. Algunos declamaban, otros cantaban o bailaban. Yo leía discursos, cosas que escribía. Hablaba de Martí, del Che, del imperialismo, del tío Sam. Luego me he preguntado cómo permitían que los alumnos escribiéramos nuestros propios textos, pero ya teníamos una plantilla impuesta, pensábamos del modo indicado.

Finalmente, a comienzos del año 2000, Castro fue a nuestra escuela. Recuerdo poco, porque me comía la envidia y he borrado los detalles. Habló con él un alumno de sexto grado, yo estaba en quinto, y se robó todos los titulares. No era muy inteligente, lo que se traducía para mí en que no sacaba notas excelentes ni participaba en ningún concurso de Matemática o Historia como varios de nosotros, un grupo selecto de estudiantes que ya nos conocíamos, nos medíamos y que sutilmente nos disputábamos el puesto de interlocutor de Castro. Nadie vio venir a aquel muchacho, que se coló por la retaguardia. Fue pícaro y locuaz y a Castro le encantó. Le dedicó muchos minutos, lo transmitieron en directo por televisión y el chico quedó convertido en un príncipe con pañoleta.

La derrota individual fue mitigada por la arenga múltiple. A partir de ahí, casi todas las semanas unos enormes buses con aire acondicionado nos llevaban a La Habana a los alumnos de Marcelo Salado. Se interrumpían las clases por cualquier motivo. Desatada la histeria triunfalista, siempre había un acto, un evento, y las calles se llenaban de astas de palo y banderas de papel. En todos los pueblos se improvisaba un escenario y se exigía la liberación del niño. Se imprimieron pulóveres con la cara del balserito secuestrado por la familia intrusa y un letrero que decía «Salvemos a Elián». Para nosotros, había helados, dulces, refrigerios de cualquier tipo, unas atenciones que desconocíamos por completo. En nuestro fuero interno, creo que no queríamos mucho que Elián volviera, como si supiéramos que aquella opulencia, aquel régimen de excepción, dependía de su estancia en Miami.

A comienzos de abril, Juan Miguel González llegó a Washington y horas después se reunió con Janet Reno. Anteriormente, las abuelas ya habían ido a Estados Unidos. La familia entera de Cuba navegaba el barco de Castro. ¿Cómo habrán sobrellevado el duelo por la muerte de Elizabeth Brotons los abuelos maternos de Elián? No lo sé, pero tuvieron que ocultarlo, como si su hija no hubiese muerto intentando huir del tirano que ahora los acogía.

Un par de semanas más tarde, el sábado 22 de abril en la mañana, jugaba yo con mi amigo Daniel Horta, compañero de clase, cuando la televisión nacional comenzó a transmitir la noticia de la espectacular entrada del FBI a la casa de Lázaro González en la Pequeña Habana. No puedo olvidar aquel arrebato, ni la sensación de victoria. Un agente con un arma sacó al niño del clóset donde lo escondía Donato Dalrymple, el pescador rescatista que seguía enganchado al asunto, encantado con la fama adquirida.

Elián lloraba, asustado. El fotógrafo Alan Díaz, que obtuvo el permiso de la familia para permanecer en casa ante la inminente entrada policial, ganaría en 2001 el Pulitzer en Noticas de Última Hora por aquella imagen icónica. Curiosamente, Díaz había sido alumno de Korda en Cuba, el autor de la foto del *Che* Guevara la tarde de la explosión del barco La Coubre.

El 1.° de junio un tribunal federal de apelaciones contó con la autorización del Gobierno estadounidense para negarle una audiencia de asilo político a Elián González y el 28 de junio Juan Miguel llegó con su hijo a Cuba. Yo los esperé, junto al resto de los pioneros de quinto y sexto grado de nuestro colegio, en la pista del Aeropuerto José Martí de La Habana. Agitábamos banderas, vestidos de uniforme, y amábamos la Patria con hondo fervor. De ahí nos retiramos a la Escuela Pedagógica Salvador Allende en el municipio Boyeros, a las afueras de la ciudad, que funcionaba como albergue provisorio.

Poco antes de que oscureciera, comíamos en un pasillo el pollo frito que nos daban en un *termopack*, cuando la profesora guía de mi grupo me mandó llamar, una rubia de veintitantos años, Elizabetha Rodríguez, con la que yo guardaba una relación muy estrecha. Cada maestro debía escoger un alumno de su clase y proponerlo para una especie de concurso de última hora. Nos llevaron a un salón iluminado con una mesa larga y ovalada, y rodeados de metodólogos y funcionarios que desconocíamos, junto a algunos directivos de nuestra escuela, nos convidaron a que escribiéramos una composición sobre el regreso de Elián. No nos dijeron con qué objetivo, pero lo hicimos, desde luego. Desde mi punto de vista, aquellas pruebas se ganaban si uno mencionaba la mayor cantidad de referencias posibles, cosas que no se suponía uno conociera. Entendía a los adultos como personas fácilmente impresionables.

Salimos del salón, al parecer deliberaron dentro, y luego me llamaron solo a mí. Debía aprenderme mi composición de memoria esa noche, porque al otro día en la mañana hablaría en el acto televisivo de bienvenida a Elián. El cuerpo me temblaba. Lo creí justo, ¿quién más que yo podía decir lo que Cuba necesitaba escuchar? Dormía en una litera con Carlos Alberto Hernández, mi mejor amigo, y él me ayudó a memorizar mi composición. Seguía lo escrito en el papel y me corregía si yo extraviaba una idea o un adjetivo. Desde la ventana del albergue, divisábamos el cielo de La Habana cargado de luces. Hundidos en un pueblo cualquiera, jamás habíamos presenciado una noche así, tan vasta y magnífica.

Mis padres lloraron mucho al día siguiente, y mi abuela casi se desmaya cuando escuchó el anuncio con mi nombre en la televisión. Hablé encendido, histérico. Yo era pequeño y cabezón, los dientes grandes y botados. Siempre vestía short y camisas cortas. Detrás del escenario, compartí el camerino con niños de La Habana acostumbrados a aquella rutina, pero no me amilané. Me pareció haber arrasado. Con semejante aval entré al último curso de la primaria y compartí con Elián el mismo techo antes de irme a la secundaria.

Aquel triunfo político, naturalmente, no terminaría ahí. Con la moral alta y el ímpetu renovado, Castro inauguró entonces la llamada Batalla de Ideas, un delirio totalizante que los medios oficiales resumieron así:

Con obras sociales incluidas en los Programas de la Revolución, sobre todo en la salud, la cultura y la educación, Cuba garantiza su total independencia y soberanía. Para ello, el pueblo se ha fortalecido ideológicamente y se ha creado un ejército de trabajadores sociales que lucha día a día contra la corrupción.

Esta lucha ha tomado amplias dimensiones, la lleva a cabo un pueblo entero y va más allá de un mero discurso. Incluye también la lucha contra el terrorismo, la calidad y eficiencia en toda gestión con un objetivo supremo: mantener y defender a esta Revolución que es de

los humildes, se hizo con los humildes y para los humildes, suficiente razón para ser invencible.

Como la gesta continuaba, también proseguían los comentarios de que Castro volvía a nuestra escuela. Todos se movilizaban y luego quien llegaba era un funcionario medio o algún líder juvenil de cierta importancia, pero a nosotros nada de aquello nos impresionaba ya. Estábamos acostumbrados a los más altos estándares. Yo me preparaba para cada ocasión, quería seducirlo. En realidad, quien seducía era él, generando en los otros el deber de cumplir una expectativa.

Uno pretendía que su elocuencia se volcara sobre nosotros, merecerla. Sujetos así, que sostienen su poder sobre el carisma, y con carisma maquillan su defectuosa gestión política y administrativa, entienden que su virtud y su encanto son dádivas, algo que le obsequian al resto. Quien rechaza el regalo del tirano, recibe entonces el castigo, porque el mesianismo es absoluto, no admite el desaire. Yo, resultado temprano de aquel estado de cosas, leía frases de Martí, textos patrióticos para recitar de memoria y ganarme la atención del dueño de la isla. Castro finalmente regresó a Cárdenas para el séptimo cumpleaños de Elián, y en esa ocasión tampoco lo conocí.

No fue hasta fines de marzo de 2001 cuando tuve la oportunidad. Visitaba la escuela también el mandatario sudafricano Thabo Mbeki, pero para mí aquel señor era menos que nada. Saludé a dos presidentes la misma tarde. Fue un buen arranque, pero ahí se detuvo la cuenta. Las manos de Castro eran muy blancas y sus dedos muy largos, como de brujo. Yo miraba su uniforme, sus botas y su zambrán. Me preguntó qué quería ser de grande y le dije, por decir algo, que médico. Se alegró, le gustaban los médicos. Era probablemente lo que más le gustaba, su carta de presentación. El resto de los pioneros nos escuchaba y las maestras también. Mis padres y el barrio entero me miraban de nuevo en la televisión. Luego Castro me abrazó

y me besó. Lo quería mucho, tanto. Alguien en mi cuadra, un vecino jocoso, me preguntaría al rato si me había dado tiempo a decirle que el arroz no alcanzaba.

La gloria es lo que es: exquisita y breve. Después, paulatinamente, Cárdenas se fue apagando. Elián y su familia pasaron a un segundo plano, y nosotros con ellos. El tiempo, que tiene mil recodos, me convirtió en un disidente, alguien de quien el pionero que yo fui se habría avergonzado.

La siguiente ocasión que aparecí en televisión, casi veinte años más tarde, me acusaron de mercenario, y en el noticiero estelar reprodujeron unas palabras mías en las que acusaba a Castro de megalómano y farsante, mientras se preguntaban qué hacer conmigo, cuál era el límite, cómo actuar ante semejante atrevimiento. Lo que yo necesitaba, desde mucho antes, era matar el amor entregado. Había algo intrínsecamente monstruoso en el hecho de querer a alguien con quien no existía ningún vínculo interior.

La disidencia empezó como un desvío o un candor, yo no creía disentir cuando empecé a hacerlo, pero el riesgo del acto genera la convicción. Después de las cuatro de la tarde el bullicio colegial de la escuela Marcelo Salado se esfumaba: la plazoleta vacía, los bustos inertes, las banderas arriadas. Ya es siempre después de esa hora, puesto que no me está permitido regresar a Cuba. Elián González aún vive en Cárdenas, el pueblo donde crecí. Lo que en él es memoria, en mí es olvido, y al revés. Suelo visitar Miami varias veces al año y recorrer las calles de la Pequeña Habana, el barrio que fue su casa y que hoy lo aborrece.

Petróleo, prosperidad y populismo, una fórmula ecuatoriana

Isabela Ponce Ycaza

Uno

E s el arquetípico video propagandístico. Una voz de barítono sin una nota de duda cuenta lo que parece una buena noticia. La filmación muestra una tanqueta militar recorriendo triunfal el centro histórico de Quito. Sobre el vehículo de guerra, un soldado custodia lo que está en el centro, que va sobre un cojín: es un barril de madera del tamaño de un bidón. Quienes ansiosos esperan el paso del tanque no reparan en lo ridículo del momento, idéntico a ese episodio de la serie animada *Los Simpson* en el que los habitantes de la ficticia Springfield organizan un desfile para celebrar una barra inerte de carbón, aplaudida como si se tratase de una heroína nacional.

El video en blanco y negro, el del Ecuador, es de 1972 y es real. En un momento, hace un corte a un plano más cerrado. La toma muestra a un grupo de entusiastas en el Puerto de Balao, a cientos de kilómetros de Quito, manchando sus manos con el líquido negrísimo y espeso que se ha rebosado del mismo barril, el primero extraído de la Amazonía ecuatoriana, que ha llegado al sitio desde donde será exportado. Es, en cierta forma, el bautizo colectivo del Ecuador, ungido por lo que, en ese momento era el agua santa del progreso, el aceite consagratorio de la prosperidad, la promesa de una vida nueva en la riqueza que, como tantas otras veces, será incumplida.

Pero para ese entonces, la promesa es nueva y brillante, como ese crudo que fluye por primera vez. Nadie podría, o no querría, suponer que el petróleo no convertiría al país en una potencia. Que los ecuatorianos, a quienes el explorador Alexander von Humboldt llamó «seres raros y únicos» porque dormimos «tranquilos en medio de crujientes volcanes, viven pobres en medio de incomparables riquezas y se alegran con música triste», seguirían en ese mismo ciclo.

Cincuenta años más tarde, a pesar del petróleo —o por él mismo—, los volcanes siguen crujiendo, los pasillos atribulados siguen siendo el ritmo nacional, y el Ecuador no ha logrado doblegar su pobreza estructural, a pesar de haber, en varios puntos de su historia, disfrutado (padecido, quizá) de insuperable riqueza petrolera.

Pero en ese video de 1972, el sueño optimista, está intacto. «El pueblo no puede contener su emoción. Sus manos encallecidas por el trabajo se mancharon con el negro petróleo que simboliza su esperanza. Todos, hombres, mujeres y niños mancharon sus ropas en señal de júbilo para guardar un recuerdo imborrable», dice el narrador del registro gráfico de ese 26 de junio, uno de los momentos que marcaría la historia contemporánea del país sudamericano.

En el video de propaganda, con impecable uniforme y gafas oscuras, está el general Guillermo Rodríguez Lara, quien llegó a la presidencia con un golpe de Estado ese mismo año. A Bombita, como se lo conoce al que lideró la poco recordada dictadura militar del Ecuador, no le bastó con llevar a los representantes del consorcio estadounidense Texaco-Gulf al Puerto Balao, ubicado en la entonces y aún pobre provincia de Esmeraldas, donde llegaba el recién inaugurado oleoducto.

No.

Bombita organizó un desfile para que los ecuatorianos pudieran ver el símbolo que prometía un futuro mejor: el progreso y modernidad, el salto a los mercados internacionales, el cambio para reducir las diferencias sociales.

Desde el desfile alegórico en la capital para honrar un insignificante contenedor de madera, el petróleo se convertiría en la moneda de cambio para las promesas populistas en el Ecuador. El petróleo, como lo describe el economista de izquierda y ecologista Alberto Acosta Espinosa, se convertiría también en «la alcancía de los ecuatorianos, que hay que llenar permanentemente». Con él, más de un presidente financiaría sus megaobras para mantener contento al pueblo y enquistarse en el poder. Con él, más de un presidente negociaría acuerdos con líderes sociales para poner fin a masivas protestas.

En las últimas décadas, el petróleo ya no ha estado en un barril recorriendo las calles de Quito. Ha estado en los conciliábulos para mantener o tumbar Gobiernos. Ha estado en las negociaciones de la deuda externa. Ha estado en los discursos de políticos calificado como el que promete la salida de la pobreza, algo que no se ha logrado en los 50 años que el líquido negro lo ha permeado todo.

El populismo en Ecuador no empezó en los setenta con la exportación de petróleo a gran escala sino mucho antes. Pero luego del *boom* petrolero, varios gobiernos —siendo el de Rafael Correa el más evidente— se beneficiaron de esta materia prima para prolongar sus promesas populistas aprovechando los altos precios del crudo a nivel mundial.

Aunque suene evidente: a más alto el precio de cada barril, más ingresos, más promesas, más obras, más satisfacción del pueblo. Por eso, la relación entre el petróleo y el populismo en Ecuador, importa. Sin embargo, son poquísimas las investigaciones académicas que profundicen en esta ecuación, o examinen el populismo en el país andino como un tipo de política económica que tiene en el centro al oro negro.

Una de ellas es de la académica Rosa García Chediak, quien, en 2016, propuso el concepto de *populismo petrolero* como una subcategoría del populismo. «Asume a la política petrolera como un mecanismo de construcción de alianzas entre distintos grupos de poder, pero también extensibles a los sectores populares»,[1] escribe, y relaciona el aumento de la presencia estatal en el petróleo con el clientelismo.

Desde la academia también hay acercamientos que incluyen otros factores en la ecuación petróleo y populismo, como la democracia. En su artículo «Extractivismos y democracia, un escenario de relaciones incestuosas»,[2] Alberto Acosta Espinosa y John Cajas Guijarro ensayan una conclusión determinante: a más extractivismo, menos democracia.

Para justificarlo, los académicos sostienen que los regímenes extractivistas tienen un enfoque clientelar de atención a demandas sociales que «no abordan estructuralmente las causas de la pobreza y marginalidad».

Que un país dependa tanto del petróleo, como el Ecuador, hace que sea rentista. «La economía es rentista, los empresarios son rentistas; todo el mundo quiere una tajada de la renta petrolera y eso, en términos sociales, genera clientelismo. Y ahí está el populismo», me explica Acosta Espinosa, en una cafetería de Quito.

En el ensayo, él y Cajas argumentan que los impactos sociales y ambientales de la extracción de recursos naturales a gran escala

---

[1] «¿Populismo petrolero? Experiencias recientes en México y Ecuador». Rosa García Chediak. *Revista de Perspectivas de Políticas Públicas*, 11. Departamento de Planificación y Políticas Públicas Universidad Nacional de Lanús, 2016.

[2] «Extractivismos y democracia. Un escenario de relaciones incestuosas». Alberto Acosta Espinosa y John Cajas Guijarro Yeiyá 1. Transnational Press London, 2020.

aumenta la ingobernabilidad que, a su vez, «exige nuevas respuestas represivas». Y, en ese contexto, escriben, «el ejercicio de la democracia —y hasta de las libertades— se supedita a los ciclos de los precios de los commodities».

Desde hace cincuenta años, cuando Ecuador se convirtió en un país exportador de petróleo, el precio del barril ha fluctuado entre menos cero y casi ciento setenta y cinco dólares. E, independientemente de la inclinación —izquierda, derecha, centro y sus intersecciones—, los Gobiernos lo han incluido en su política económica. En 2021, uno de los primeros decretos del gobierno de Guillermo Lasso fue duplicar la producción de hidrocarburos.

Hoy, el pueblo, a diferencia de las imágenes de hace cinco décadas, ya no se emociona al ver un barril. A ratos, parecería haberse desencantado con las bondades prometidas que nunca llegaron. A ratos parecía encantarse, otra vez, con el discurso de turno que le promete lo incumplible.

Dos

El populismo en Ecuador surgió mucho antes del *boom* petrolero de 1972. Apenas meses antes de la fanfarria de junio de ese año en las calles de la capital, había dejado el poder el pionero del populismo en el país: José María Velasco Ibarra, quien fue cinco veces presidente. El hombre espigado, siempre de terno y de lentes de marco grueso, pasó a la historia con una frase que acompaña la definición de populismo en el Ecuador: «Dadme un balcón y seré presidente».

Si existiera una lista del «buen populista», José María Velasco Ibarra la cumpliría toda. Su discurso se basó en la lucha del pueblo contra las élites y la oligarquía. Su estrategia se basó en atacar a los partidos políticos: «O el Frente me tritura a mí, o yo trituro al

Frente», dijo en referencia al partido de su adversario en una de sus campañas.

Sobre Velasco Ibarra, en un ensayo del libro *El populismo en el Ecuador*,[3] el expresidente Osvaldo Hurtado escribió: «[...] recorrerá el país "palmo a palmo", tomando contacto personal con la multitud, como nunca había hecho antes un candidato presidencial, en una campaña en la que promete —como hará luego en todas las siguientes— "liquidar" los privilegios, "triturar" la plutocracia y "pulverizar" las trincas».

Aunque a José María Velasco Ibarra se lo recuerda por sus discursos, su demagogia y por haber completado solo una de sus cinco mandatos, su relación con el petróleo no es precisamente lo que se señala de sus regímenes. En sus gobiernos no hubo extracción a gran escala pero sí conversaciones, leyes y viajes para que se dé.

De uno de esos viajes, en 1969, Alberto Acosta Espinosa guarda una fotografía vertical y en blanco y negro: una estrecha canoa con diez tripulantes navega un río. En medio de la rudimentaria embarcación —de terno claro, gafas oscuras y sombrero— está José María Velasco Ibarra. Delante de él, de terno oscuro y corbata, Acosta, de apenas 18 años, sobrino nieto del presidente. En ese viaje, recuerda el economista, hoy de 74, visitaron un pozo petrolero en Lago Agrio, una ciudad al norte de la Amazonía ecuatoriana bautizada en honor a Sour Lake, la ciudad estadounidense, en Texas, donde se perforó el primer pozo petrolero de Texaco.

Como parte del viaje, organizado por la compañía Texaco-Gulf, hubo un banquete en uno de los hangares que servía de salón de eventos, en Lago Agrio, la localidad amazónica que entonces era pequeñísima, que todavía es pobre, y siempre va a ser húmeda. «Había pajes con guantes blancos, mesas con manteles blancos, licores,

---

[3] *El populismo en el Ecuador.* Felipe Burbano y Carlos de la Torre ed. ILDIS, 1989.

comida traída del Hotel Quito», recuerda Acosta Espinosa. En el centro de las mesas repletas de comida y bebida había un cuadrado, y en el medio un estanque de agua, y en el medio cisnes de hielo seco.

«Me imagino que ya en esa época Velasco Ibarra, que captaba muy bien, comprendió lo que se venía», dice Acosta Espinosa y recuerda que, en una revista mexicana de los setenta que alguna vez tuvo y ya no encuentra, había un artículo en el que se retrataba a Ecuador como un Kuwait en los Andes.

En 1970, el año en que Velasco Ibarra instaló una dictadura que duraría menos de dos años, se firmó el contrato para construir el Sistema de Oleoducto Transecuatoriano, más conocido como SOTE, que seguía funcionando en 2023. Y, en 1971, Velasco expidió la Ley de Hidrocarburos.

De varias maneras, el velasquismo asentó el terreno para lo que vendría.

Carlos de la Torre, experto en populismo en el Ecuador, es enfático cuando dice que el populismo en el país nació con Velasco Ibarra, mucho antes de que apareciera el petróleo. Pero cuando piensa en esa intersección, recuerda que luego de que se encontró crudo en la Amazonía, fue el golpe militar para impedir que Asad Bucaram —un político populista quien había sido alcalde de Guayaquil, congresista, y que aspiraba la presidencia— manejara el dinero del petróleo. «El golpe fue una manera en que las Fuerzas Armadas vieron que su rol era no permitir que alguien que no era de las élites, y que iba a tener una política económica racional o modernizante, manejara el país», dice De la Torre.

Así, el golpe de Estado que instaló la dictadura militar en el Ecuador se dio, en parte, para controlar el dinero que sabían traería el oro negro: en 1971 las exportaciones de petróleo crudo sumaron 1.2 millones de dólares; un año después, 59.4 millones de dólares. Casi 3 000 % más.

Desde ese *boom,* el petróleo fue imposible de ignorar para los Gobiernos ecuatorianos. Con él, el país empezó a ser atractivo para los mercados internacionales. Con él, llegaron los préstamos. Con él, también, llegó el endeudamiento que tuvo un pico en el gobierno de Rafael Correa.

Tres

«China nos puede dar el financiamiento para salir del subdesarrollo y ellos pueden tener grandes retribuciones por ese financiamiento, es decir, alianzas de mutuo beneficio, como deben ser las alianzas», dijo en 2011, el entonces presidente Rafael Correa, para justificar un préstamo de 1700 millones que le pediría a China, quien ya le había prestado al país 3000 millones. Lo dijo en uno de sus 523 enlaces ciudadanos en los que durante tres, cuatro y a veces hasta cinco horas se sentaba —detrás de una mesa y con un micrófono— a contarle al país lo que había hecho esa semana.

Las sabatinas, como también se las conocía por el día en que se hacían, se transmitían en la radio y la televisión pública, y eran el material para las noticias del domingo. En ellas, Rafael Correa le hablaba al pueblo, directo y sin intermediarios. Leía su agenda que combinaba con anécdotas, insultos o comentarios, que apoyaba con fotografías o videos elaborados por su equipo de comunicación. Solo en propaganda, en diez años de presidencia, llegó a gastar 1500 millones de dólares.

En las sabatinas explicaba las decisiones de su gobierno, desde cuánto había invertido en construir una escuela en medio de la Amazonía hasta cómo pensaba renegociar la deuda externa. «Era esta mezcla del técnico, el profesor, el macho sabio, que sabía cómo llevarnos a todos los ecuatorianos —que éramos unos idiotas—, y nos explicaba lo que iba a hacer», dice Carlos de la Torre.

El académico cree que Correa tenía «una cuestión única» y define al expresidente como tecnopopulista. Era un tecnócrata porque siempre tenía todas las respuestas técnicas, y daba estas respuestas en los *shows* de los sábados —donde además de discursos, había música, baile y comida. «Él sabía todas las respuestas a cómo sacar al país de su desarrollo. Y para él, claro, el petróleo era la respuesta».

El petróleo, sin embargo, no siempre fue la respuesta.

Cuando llegó al poder, Rafael Correa lo hizo de la mano de diferentes sectores sociales: maestros, ecologistas, estudiantes, jóvenes, indígenas, feministas, y un larguísimo etcétera. Con todos, más temprano que tarde, se peleó.

Como explica De la Torre, uno de los factores para que el populismo exista es la idea de que el pueblo supuestamente incluye a todos pero en realidad, no los excluye: «Por ejemplo, si no estabas de acuerdo con las políticas de Correa, ya no eras parte del pueblo correísta».

A los ambientalistas y ecologistas, quienes promovieron que la Naturaleza sea sujeta de derechos, los traicionó más de una vez. Pero quizás la puñalada más recordada a ellos y a sus seguidores jóvenes, fue el fin de la Iniciativa Yasuní ITT. La idea, originalmente de Alberto Acosta Espinosa y Esperanza Martínez y tomada como propia por el gobierno de Correa en 2007, proponía dejar el petróleo de los campos Ishpingo, Tambococha y Tiputini (ITT) bajo tierra, indefinidamente, a cambio de donaciones.

La no explotación, supuestamente, hubiera impedido que se liberaran más de 400 millones de toneladas de CO_2 a la atmósfera.

Frente a la Asamblea General de las Naciones Unidas, Correa le pidió a la comunidad internacional que por los 700 millones de dólares anuales que Ecuador dejaría de recibir por no explotar cerca de 920 millones de barriles de petróleo, le dieran al menos 3 600 millones de dólares. Un valor que, según su gobierno, era «al menos la mitad».

Rafael Correa se reunió con sus pares de diferentes países, recorrió universidades y organismos, para tomarse fotos y contarles que Yasuní, un Parque Nacional en la Amazonía ecuatoriana de casi un millón de hectáreas, alberga 696 especies de aves, más de 2000 de árboles y arbustos, 382 de peces, 169 de mamíferos, 150 de anfibios. Y que, por eso, todos debían apoyar el programa.

En el extranjero, Correa se posicionó como el presidente verde, ecologista e innovador. En el país, martilló a los ecuatorianos con el mensaje de que el Yasuní, y el petróleo de sus entrañas, nos pertenece a todos.

Mientras duró —entre personal, eventos oficiales, espectáculos, difusión, viajes al exterior, y otros— la Iniciativa Yasuní ITT le costó al país 9.4 millones de dólares.

En una de las piezas de difusión, de la robusta y constante propaganda del Gobierno, dice «El petróleo se queda bajo tierra, compra un barril». La frase está escrita en verde claro, sobre un fondo verde oscuro, junto a un barril verde que en vez de líquido negro, de él se rebosa un bosque —con cascada, árboles, mariposas, un guacamayo—.

En 2013, la Iniciativa Yasuní ITT se terminó.

Ese año, Rafael Correa dijo en una cadena nacional: «El mundo nos ha fallado». Como el Yasuní es de todos los ecuatorianos, el pueblo también debía sentirse ofendido por la falta de apoyo de los otros países. De los 3 600 millones de dólares esperados, se recabó, según el mismo Correa, solo el 0.37 %. En el discurso nunca se consideró que la iniciativa haya sido un favor con amenaza: si no me ayudas, será tu culpa la explotación, ergo la contaminación del planeta, tampoco se consideró que los mecanismos de rendición de cuentas nunca estuvieron claros.

Para limpiarse el petróleo de su rostro, Correa decidió mancharse los dedos. Solo dieciséis días después de esa cadena nacional, también en una sabatina, Correa presentó la campaña *La mano negra de Chevron* para denunciar la falta de remediación ambiental de la trasnacional petrolera por la explotación en la década de los setenta. Para desviar la atención del fracaso de la Iniciativa Yasuní, invitó a celebridades como el cantante René Pérez, de Calle 13, y contrató a otras como los actores Danny Glover y Mia Farrow —entre los dos cobraron casi medio millón de dólares—.

Parte de la campaña consistía en que los invitados visitaran las piscinas de residuos de crudo, se pusieran un guante quirúrgico, se mancharan la mano con los pegajosos residuos y la mostraran para la fotografía, que empapelaron los medios públicos y privados del país.

El petróleo, una vez más, era utilizado como herramienta de comunicación popular para que el país entendiera que el gobierno de Correa no dejaría, supuestamente, que continuara la injusticia contra el pueblo afectado por la contaminación.

Pero ese no fue el único mensaje que quiso transmitir al pueblo.

Dos días después de anunciar que exigiría a Chevron hacerse cargo de la remediación, y solo 18 días después de asegurar que no era su culpa sino del mundo que la Iniciativa Yasuní ITT fracasara, comenzó otra campaña: *Una mínima huella*.

En un video, una madre sostiene a su recién nacido y, con una expresión de quien no quiere desprenderse de él, lo entrega a alguien más. El bebé llora —las tomas del rostro son en primer plano—, le enfocan su frágil brazo y la gota de sangre luego de ponerle una vacuna. El llanto cesa y, mientras otra mano le coloca una curita, una voz remata: «Menos del uno por mil será intervenido, una mínima huella para garantizar que el todo viva. 99.9 por ciento, intacto. El Yasuní vive, millones de personas vivirán mejor».

Sus discursos hasta hacía poco dirigidos a apoyar la conservación del ITT, se volcaron a cómo el petróleo nos sacaría de la pobreza dándonos educación, salud, progreso. Mensajes ligeramente diferentes a los que se habían repetido hace cuatro décadas durante el desfile del barril.

En sus diez años de gobierno, con cada mensaje, en sus piezas de comunicación y en sus interminables e incansables intervenciones, Rafael Correa construyó y destruyó imaginarios alrededor de lo que el petróleo significa para el Ecuador.

Delante del telón, junto a Correa, había siempre un barril al que se refería para justificar sus acciones. Como escribe Rosa García Chediak, el populismo petrolero, gracias a la riqueza que este recurso natural trae, permite hacer «concesiones —bajo formas de subsidios, fideicomisos, exenciones de impuestos, fondos para programas sociales, etc.— con las que aplacar los reclamos de distintos actores, incluidos amplios sectores populares».[4] Y eso es lo que Rafael Correa hizo.

Eso fue solo lo que el pueblo podía ver porque es lo que él quería que viera.

Detrás del telón, también junto a Correa, había otro barril que motivaba las decisiones de las que el pueblo no siempre se enteraba.

En 2007 expidió un decreto que elevó al 99 % la participación del Estado en las ganancias extraordinarias de las compañías privadas petroleras. La decisión, en 2022, le costó al país, en un arbitraje internacional, una indemnización de 374 millones de dólares a la petrolera Perenco. En 2008, con la nueva Constitución, dispuso que el sector energético fuera declarado estratégico, y su manejo y gestión, exclusiva del Estado. Aumentó el uso de los contratos por

---

4 «¿Populismo petrolero? Experiencias recientes en México y Ecuador». Rosa García Chediak. *Revista de Perspectivas de Políticas Públicas*, 11. Departamento de Planificación y Políticas Públicas Universidad Nacional de Lanús, 2016.

prestación de servicios para, «reafirmar la propiedad del Estado sobre el petróleo y aprovechar una eventual subida de los precios».[5] En 2010 —con el apoyo de una Asamblea Nacional cooptada por el correísmo— entró en vigor una nueva Ley de Hidrocarburos que, entre otras cosas, impuso renegociar contratos petroleros con transnacionales.

Correa, con dicha ley, también obligó a que el 12 % de las utilidades se entregaran al Estado, que estaba obligado a invertirlo en proyectos sociales. El presidente se aseguró de exprimir hasta la última gota de petróleo para seguir satisfaciendo al pueblo mientras lo narraba con millonaria propaganda.

Todas fueron decisiones que recordaban a las que en su momento tomó el presidente venezolano Hugo Chávez, quien, como escribe Rafael Macquhae en *El populismo en un país petrolero*,[6] tenía una visión en la economía basada en dos ideas principales. La primera, que el Estado «debe monopolizar la totalidad de la renta petrolera para cumplir su misión de redistribuirla».

El gasto social desmedido del gobierno de la *Revolución ciudadana* dejó a un lado el pago de las deudas que tenía el país con organismos internacionales, los mismos que empezaron a ver atractivo a Ecuador en 1972 cuando ingresó al mercado internacional, por el petróleo. En vez de cumplir con las obligaciones, heredadas de gobiernos anteriores e infladas por el suyo, decidió buscar nuevos prestamistas, esencialmente China, y seguir gastando. El tamaño del Estado creció desmedidamente: en América Latina, el promedio anual en el gasto público en sueldos y salarios por país, entre 2012 y 2022, representa el 5 % del PIB. En Ecuador, es del 9 por ciento.

---

[5] *Idem.*
[6] «El populismo en un país petrolero». Rafael Macquhae. *Cuadernos Unimetanos*, 29. Universidad Metropolitana, 2012.

El gasto le permitió construir carreteras, hospitales gigantescos, escuelas con ascensor y megaobras que, para una población en su mayoría pobre que venía de ver a siete presidentes en diez años, resultaban impresionantes. Para algunos ciudadanos era la primera vez que un mandatario les prestaba atención; parte esencial de su política era visitar la mayor cantidad de lugares en la menor cantidad de tiempo.

Así, Rafael Correa se posicionó como el líder que estaba refundando la patria, como él se encargó de repetir desde antes de que llegara al poder en su campaña de 2006. Se paseaba en el balde de una camioneta con un cinturón en la mano y mientras lo azotaba en el aire, decía que iba a «darle correa» a los corruptos. La correa fue solo uno de los tantos símbolos que lo acompañó en sus mandatos. «El populismo busca construir una identidad y una imagen más cercana a las personas para representarlas y, para lograrlo, se nutre de símbolos», dice Ingrid Ríos, candidata a doctora en estudios latinoamericanos con una investigación enfocada en populismo.

Correa se lanzó a la presidencia con un partido recién creado llamado PAIS, cuyas siglas significan Patria Altiva i Soberana. Cuando tomó posesión obligó que su fotografía se colocara en todas las instituciones públicas: una imagen suya de pie, con la banda presidencial y el fondo amarillo del salón presidencial. Encajonó sus corbatas y vistió, hasta el final de su mandato, camisas con bordados de símbolos de culturas ancestrales indígenas, fabricadas por mujeres de una localidad andina llamada Zuleta.

Le prohibió a sus ministros y funcionarios que imitaran su atuendo. Solo él, el líder, podía verse como tal. Solo unos pocos se atrevieron a usar sus camisas; solo a uno se lo permitió: su mano derecha, Raúl Patiño. Un reportero ecuatoriano recuerda que, entrevistando a un alto funcionario del Gobierno, este le pidió permiso en media entrevista para irse a cambiar de camisa: vestía una de bordados indígenas, y el presidente lo había llamado a una reunión. No podía ir con esa. Su asesora, sonriente, le dijo al periodista: «por eso siempre le cargo una camisa normal».

Pero todos esos símbolos no le alcanzaron para sostener su popularidad cuando el precio del petróleo cayó drásticamente en 2014, acabando con el auge mundial. «El populismo tuvo que echarse en retirada rápidamente y Correa empezó a perder popularidad, que estaba ligada estrechamente al dispendio», señala el periodista e historiador Gonzalo Ortiz.

El petróleo fue la clave, aunque no la única, de la popularidad de Correa.

No es que el precio del barril hubiera cambiado la historia del país, pero antes de Rafael Correa, dos de los presidentes que fueron destituidos en medio de profundas crisis políticas y sociales, Jamil Mahuad y Abdalá Bucaram, dejaron el poder cuando los precios del petróleo estaban bajísimos: 6.21 y 13.40 dólares, respectivamente. A ellos, la estabilidad que da la bonanza petrolera no los acompañó.

Cuatro

Para mayo de 2021, cuando Guillermo Lasso asumió la presidencia luego de derrotar al candidato correísta Andrés Arauz, el precio del barril del petróleo estaba casi en 67 dólares. En 2022 empezó a subir y en junio de ese año llegó a su tope: 117.7. Ese mes, exactamente cincuenta años después del desfile del barril de petróleo por el centro de Quito, esas mismas calles estuvieron repletas de manifestantes, en el paro nacional más largo de la historia del país.

Los 18 días de protesta fueron convocados por organizaciones indígenas y sociales pero la más visible fue la Confederación de Nacionalidades Indígenas del Ecuador (Conaie). Tenía una lista de diez exigencias al gobierno del presidente Guillermo Lasso; la primera era la «reducción y no más subida del precio de los combustibles» y empezar un proceso de focalización de subsidios.

En Ecuador, los combustibles tienen subsidio desde la década de los setenta. Y entre 2019 y 2021, durante el gobierno de Lenín Moreno, el precio estuvo sujeto a un mecanismo técnico, llamado *sistema de bandas*, que permitía que subiera o bajara solo en un 5 %, dependiendo del precio del barril de crudo West Texas Intermediate (WTI), que Ecuador toma como referencia.

En su quinto mes de gobierno, Guillermo Lasso congeló esos precios en 2.55 dólares la Extra y 1.90 dólares el diésel. Pero la Conaie no estuvo de acuerdo con los valores y, ocho meses después, en junio de 2022, como condición para levantar el paro, pidió que se congelaran en 2.10 la Extra, y 1.50 el diésel.

Mientras miles de personas que habían llegado de distintas provincias de la Sierra y la Amazonía acampaban en las universidades de Quito que los acogieron, la noche del día 16 del paro nacional, la Asamblea Nacional —que tiene una mayoría de oposición al Gobierno, conformada por correístas— llamó a la muerte cruzada, un mecanismo constitucional que le permite al legislativo cesar en funciones al presidente de la República. Pero los asambleístas no lograron los suficientes votos para destituir a Lasso.

Esta reciente crisis tuvo al petróleo, a manera de uno de sus derivados, la gasolina, y con uno de sus mecanismos, el subsidio, como una de sus causas neurales. Y quien insistió durante los 18 días sobre la necesidad de mantener el paro nacional hasta que el gobierno no respondiera los diez pedidos fue el presidente de la Conaie, Leonidas Iza.

Además de bajar el precio de la gasolina, el dirigente Kichwa de la Sierra —una de las 15 nacionalidades del Ecuador— se enfocó en que se cumpliera el punto cinco de las exigencias. En él pedía la moratoria de la ampliación de la frontera extractiva —minera y petrolera— y la auditoría y «reparación integral por los impactos socioambientales». Concretamente, la derogatoria de los decretos 151 y 95; este último duplicaba la producción del petróleo.

Aunque parezca contradictorio, Iza, en representación de organizaciones sociales, pedía al mismo tiempo que se disminuyera el precio de la gasolina, y que se dejara de explotar petróleo en la Amazonía. Un discurso demagógico carente de explicaciones técnicas que, en más de una ocasión, logró socavar las luchas históricas del movimiento indígena del Ecuador.

En las casi tres semanas de paro, y los meses siguientes en los que la Conaie y demás organizaciones indígenas mantuvieron diálogos con instituciones del Gobierno, Leonidas Iza —quien siempre viste su poncho rojo y sombrero negro— se convirtió en un potente opositor de Guillermo Lasso. Se ha posicionado, como siempre repite, desde el pueblo y con el pueblo, y en contra de los ricos.

Su discurso encaja como populista pero, según Carlos de la Torre, hay una diferencia «muy fuerte entre movimientos sociales que pueden usar un discurso antioligárquico, y el populismo propiamente dicho». Para que haya populismo, insiste, debe haber un líder que se presente como la encarnación del pueblo. Si es que Leonidas Iza entrara a la política formalmente, por cómo se ha posicionado, podría tratar de ser la encarnación del pueblo.

Y ese escenario no es tan descabellado. En las elecciones de 2021, en las que Lasso fue elegido presidente, Iza no fue candidato pero sí estuvo en las filas de las primarias de Pachakutik, el partido político indígena. Quien corrió por ese partido, Yaku Pérez, quedó en tercer lugar.

Las aspiraciones presidenciales de Leonidas Iza no son un secreto. En cada intervención pública, además de criticar la política —en sus ojos neoliberal— de Guillermo Lasso, repite una idea que, una vez más, acerca al pueblo al petróleo. Ha dicho que los recursos naturales nos pertenecen a todos los ecuatorianos y, por eso, tenemos derecho a los precios justos, como el de la gasolina.

Como explica Alberto Acosta Espinosa, históricamente, los subsidios a los derivados del petróleo y los precios bajos han sido considerados «como una conquista popular». E Iza se ha encargado de reafirmar esa premisa. Pero cuando se instauraron, se suponía que eran una medida paliativa: a finales de la década de 1970, la subida de los precios internacionales del petróleo causó descontento popular en el Ecuador porque la gasolina se encareció mucho. Para paliar la inconformidad, se creó un subsidio temporal. Nunca ha podido ser revocado: Gobierno que lo ha intentado, ha sido o derrocado o ha estado a punto de serlo.

Ni siquiera uno de los más grandes populistas que ha tenido el país, que llegó al poder presentándose como un poderoso enemigo de la oligarquía, sobrevivió al intento.

Abdalá Bucaram llegó al poder en 1996. Es recordado por sus rocambolescos discursos, su disco *El loco que ama*, que grabó con Los Iracundos, y por afirmar que no dormía en el palacio de Gobierno porque había fantasmas. Su gobierno duró apenas seis meses. El día que cayó, intentó por última vez, hablarle directamente al pueblo.

Ese 7 de febrero de 1997, mientras había protestas masivas contra sus medidas económicas, como la eliminación parcial del subsidio al gas doméstico, un subproducto petrolero, Bucaram salió en cadena nacional a decir que «había reconsiderado» el valor del cilindro del gas.

Más tarde, también frente a cámaras de televisión, no solo dijo que el Gobierno derogaría las nuevas medidas económicas, sino que había solicitado el incremento «en un nivel importante» de los sueldos de los servidores públicos. A Bucaram el precio del gas, otro recurso natural al que también lo ha rodeado el populismo, le costó su presidencia.

Años antes, Rodrigo Borja, un socialdemócrata mesurado y respetable, tuvo cuatro ministros de Energía —cuyo nombre ha mutado en las últimas décadas entre Recursos Naturales No Renovables, Minas e Hidrocarburos—. Uno duró dos años y medio. Los otros, seis, dos y nueve meses. «Como buen político, Rodrigo se resistía a subir la gasolina, pero era indispensable. Entonces, hubo nombres que se pusieron de ministros solo para que subieran la gasolina, el pueblo los interpelara, y se cayeran», recuerda el periodista Gonzalo Ortiz. Borja sabía que el subsidio generaba una sobrecarga social y usaba a sus ministros como fusibles para no quemarse él.

Los subsidios a los productos petroleros de consumo interno han sobrevivido a los gobiernos de toda ralea. Y han alimentado no solo la institucionalidad populista, sino también los negocios ilegales. Hay un consenso en que son perniciosos: varias organizaciones en todo el mundo insisten en que se deroguen los subsidios a los combustibles. Desde ONG ambientales hasta multilaterales de crédito y financiamiento. Todas apuntan que es un subsidio lesivo, que contribuye a la contaminación y depreda las arcas fiscales. Ecuador es la prueba: solo en 2021, el país gastó 2.194 millones de dólares en subsidios, para 2022 estaban estimados 2.139. En el contrabando de combustibles, se estima que el Ecuador pierde 400 millones de dólares cada año. Son fondos que podrían destinarse a la salud y la educación, dos sectores con problemas urgentes, como el desabastecimiento de medicamentos, todos problemas por los que líderes como Leonidas Iza reclaman.

Desde el discurso del líder indígena es obligación del Gobierno mantener los precios bajos porque estos no tienen que regirse por las leyes del mercado —colonialista— internacional. En la historia, los líderes populistas nos han hecho creer a los ecuatorianos que el subsidio a la gasolina es un derecho «por más irracional que eso sea», dice De la Torre. Por eso, no solo en junio de 2022 sino también en octubre de 2019, la ciudadanía motivada por las organizaciones sociales ha salido a la calle cuando el precio de la gasolina ha sido modificado. «Y cada vez que se ha intentado mover el precio de los derivados, ha habido expresiones sociales porque como sociedad no hemos sido capaces de discutir ese tema», dice Acosta Espinosa.

Estos pedidos populares no consideran que los subsidios implican costos fiscales altos que llevan a endeudamiento más alto, o que promueven la asignación ineficiente de los recursos de la economía, o que en su mayoría, están beneficiando a los hogares de más ingresos.

A Leonidas Iza el discurso del subsidio en una orilla y el de la moratoria de explotación en la otra orilla le ha servido para convencer al pueblo de que su causa es lógica y justa, y que un liderazgo así, como el de él, es el que necesitamos para tener finalmente un progreso que no esté asociado a la explotación del crudo. Aunque sean dos argumentos excluyentes y contradictorios —y, a largo plazo, completamente inviables—. Pero un país al que la embriaguez del petróleo no lo deja pensar con claridad, parece condenado a seguir buscando al mesías populista que lo salve y cumpla, finalmente, lo que ninguno ha podido: convertir el petróleo en prosperidad.

7

La dictadura milenial de Nayib Bukele en España

Carlos Dada

Uno

Nayib Bukele está a punto de decir las palabras que todo El Salvador sabe que dirá. Su equipo de imagen y propaganda, principal cerebro estratégico de su ejercicio del poder, no ha dejado un solo detalle a la improvisación. El presidente está de pie, ante un podio en el salón de honor de Casa Presidencial que ha utilizado en todas sus cadenas nacionales de televisión. A su espalda, un retrato de tamaño real de Monseñor Óscar Romero, nuestro mártir. El presidente y el podio justo frente a la pintura del santo, un encuadre perfecto para la televisión.

No puede haber mayor contraste entre las dos figuras: a un lado Romero, el hombre sencillo de formas y firme de convicciones, asesinado en 1980 por su defensa de la verdad y la justicia, y su denuncia de la represión y los abusos del poder. Por el otro Bukele, ese experimento posmoderno a la McLuhan, en el que todo es más falso que un billete de a siete. Falsa la barba y el cabello, injertados y teñidos; falso el discurso; falsa la interpretación constitucional que está a punto de citar como argumento; falsos los gestos que hoy muestra, casi cohibido. La otra cara de la moneda del Bukele que hiperventila, al que se le van los brazos y le piruetean las manos cada vez que toma el micrófono y quiere aleccionar a todo crítico y dar órdenes a subordinados. Hoy el presidente más popular de América Latina esboza una media sonrisa. Tímido, diría alguno, porque está a punto de aceptar —sí, aceptar— un honor que nunca buscó pero que su pueblo le ha pedido. Pícaro, diría otro, porque sabe muy bien que lo que está por hacer es inconstitucional, pero sabe que se saldrá con la suya.

Al lado, vestida de azul bandera, su esposa Gabriela toma de la mano a la hija de ambos, Layla, esa pequeña niña convertida en mercancía política para que el presidente suba sus fotos a Instagram y le recite su amor por Twitter cada vez que enfrenta una crisis. Es decir, cada vez que el presidente enfrenta una crisis política. O que corre el riesgo de desatarla, como hoy.

También la grada ha sido escogida con esmero: el gabinete de gobierno, los presidentes de los otros dos órganos del Estado que él controla, su clan familiar, dirigentes de su partido, el fiscal que él impuso; su vicepresidente Félix Ulloa (un exinternacionalista convertido en senescal de palacio); los jefes del ejército y la policía que funcionan como su guardia personal; y atrás, al fondo, el cuerpo diplomático, al que ha invitado para darle una pequeña lección de historia universal y recordar a sus excelencias que este es un país soberano y que aunque a veces lo confundan el soberano es el pueblo y es el pueblo quien ha decidido quererlo a él.

Con ellos, o contra ellos, comienza Nayib Bukele su discurso. Les recuerda que la mayoría de los países llamados desarrollados permite la reelección o tiene monarquías; que Merkel duró todos esos años en el poder y nadie le llamó dictadora. La cámara se asoma brevemente por las filas de los embajadores que escuchan sin gesticular, como si hubieran ensayado también ellos este momento, porque ya venían preparados para ser convidados de piedra.

Es un día casi perfecto para el anuncio. Quince de septiembre de 2022: aniversario bicentenario más uno de nuestra independencia. El 201. Con ese uno de más que lo mancha un poco, para un equipo de imagen y propaganda que lo calcula todo. Si tan solo hubiese sido el bicentenario, el número redondito, el acto redondito, el cuento redondito.

Pero el 200 cayó en pandemia y no se hacen estos anuncios con tapabocas. Además aún faltaba la reinterpretación constitucional, para guardar las formas ante estos extranjeros.

Bukele habla mientras El Salvador, por decreto suyo y sumisión parlamentaria, lleva ya más de cinco meses en estado de excepción. La Policía y el Ejército realizan allanamientos y capturas sin órdenes judiciales y mantienen a los detenidos en prisión preventiva durante semanas, sin necesidad de acusación. Y como es emergencia, el Ejecutivo puede hacer compras y contratos sin licitaciones de por medio. Todo por el bien de los salvadoreños, ha dicho Bukele, para combatir a las pandillas que mantienen aterrorizado al pueblo hasta hoy.

Sesenta mil detenidos en redadas masivas, remitidos por esquineros sospechosos o porque al agente le dio la gana. De ellos, ochenta muertos en las celdas hacinadas; casi todos, según las autopsias, decesos por «edema pulmonar» y enterrados en fosas comunes sin siquiera notificar a sus parientes. Afuera de las cárceles, filas interminables de madres queriendo ver a sus hijos (pandilleros o no, ¿quién sabe?), porque no se permiten visitas familiares. Y esas cárceles hacinadas que todos los centroamericanos sabemos que son bombas de tiempo.

El Salvador registra ya la segunda mayor tasa de reos en el mundo, solo detrás de Estados Unidos. Pero aún no ha terminado. Bukele ha puesto en marcha ya, por contrato directo, la construcción de la cárcel más grande de Centroamérica. Y los salvadoreños, hartos de décadas de vivir con la pistola en la cabeza en comunidades controladas por pandillas, aplauden a rabiar. Casi 90 % de aprobación popular en su cuarto año de gobierno, según las encuestas más conservadoras.

Por eso, dice Bukele, porque le ha devuelto la paz y la soberanía a su pueblo, es que ha tomado la decisión que viene a anunciar esta noche. Pero su arranque es ominoso. Oscuro, no luminoso: «Ya probamos un camino durante doscientos años y los resultados no pudieron haber sido peores… El único camino es este…».

El único camino es él. A su lado, Gabriela de Bukele asiente, como si estar parada allí, frente al público, la obligara a hacer algo. «El único camino es este y ya lo probamos. No es una promesa de campaña, ya lo probamos; y nos está funcionando. Y no lo vamos a abandonar», continúa.

La primera dama aplaude y todos aplauden. Entonces dice las palabras esperadas: «Después de consultarlo con mi esposa Gabriela y con mi familia anuncio al pueblo salvadoreño que he decidido correr como candidato a la presidencia de la República para las elecciones de 2024».

El salón Monseñor Romero, lleno de magistrados, ministros, diputados, el fiscal y el presidente del partido que es primo de Bukele y los jueces de la Suprema Corte que reinterpretaron la Constitución y el vicepresidente de la República que intentó explicar la interpretación constitucional y el jefe de las Fuerzas Armadas en blanco gala porque es almirante de la marina, estalla en júbilo. Como si fuera una sorpresa radiante, como un gol de la selección nacional. Ni siquiera el silencio de las dos filas de embajadores regañados, pesado como una bóveda fuera de la vista, opaca la fiesta. Habrá Bukele para rato.

Dos

Bukele preside un gabinete de Gobierno compuesto en su mayoría por ministros y ministras que no diseñan políticas públicas. Con las destacadas excepciones del ministro de Defensa y del director de la Policía, el trabajo de los ministros (y de los diputados oficialistas) se limita, en el mejor de los casos, a la ejecución o aprobación a mano alzada de políticas que se diseñan en otro lado, cuando no a ser simples acompañantes o portavoces de otros ejecutores. ¿Con quiénes, entonces, gobierna el presidente salvadoreño?

El primer círculo de decisiones lo forman sus hermanos. Particularmente los tres que comparten padre y madre con Nayib: Karim, Ibrajim y Yusef Bukele. Ninguno tiene cargo oficial, pero son ellos los encargados de todas las estrategias gubernamentales: de la errática política económica, de las relaciones políticas de la familia, de los vínculos con los empresarios y de la vida en el ciberespacio de un fenómeno político creado en y para el ciberespacio.

Karim es el operador, el poder detrás de su temperamental hermano. El que llama personalmente a empresarios para amenazarlos o exigirles que hagan o dejen de hacer lo que el Gobierno necesita. El que coordina con los diputados de Nuevas Ideas, el partido del presidente, y los otros aliados para la aprobación o reformas de ley. Sus otros hermanos tienen tareas en la parte económica.

Los tres tienen acceso irrestricto a todas las instituciones del Estado sin necesidad de anuncios previos o invitaciones. Es común ver a Karim Bukele llegar con su aparato de seguridad a la Asamblea Legislativa sin que nadie le pida credenciales, e ingresar a las áreas privilegiadas para diputados.

Yusef e Ibrajim se encargaron de toda la aventura del bitcoin y de las relaciones con las docenas de libertarios que se autodenominan *crypto bros* y que tomaron las playas del litoral entusiasmados por los proyectos anunciados por el gobierno salvadoreño, de la creación de Bitcoin City y el minado con energía de nuestros volcanes, antes de que el bitcoin se derrumbara y pusiera fin a la criptoaventura salvadoreña. Pero los hermanos no se hicieron responsables. Al no tener cargos oficiales, sus actos tampoco lo son y, por tanto, no están sujetos a contralorías.

El autoritarismo del presidente y la delegación en sus hermanos de la gobernabilidad del país acercan cada vez más a El Salvador a las dinastías dictatoriales familiares al estilo de Daniel Ortega en Nicaragua.

Por otro lado, es casi un cliché entre sus detractores reclamar a Bukele que aplica en El Salvador el manual de Hugo Chávez y Nicolás Maduro, montado sobre el ataque a un viejo sistema político corrupto y desgastado mientras, apoyado en el Ejército, asesta un golpe tras otro a la constitución para concentrar poder.

Bukele cuenta con sus propios venezolanos. Una docena de asesores procedentes de ese país que no solo diseñan las políticas públicas, sino que definen la estrategia de propaganda y operan en los ministerios. Dan órdenes a los ministros, condicionan contratos, operan la relación con empresarios contratistas del Estado y, en su momento, diseñaron la distribución de vacunas contra el COVID.

Además de ellos hay otra docena de asesores venezolanos que no viven a tiempo completo en San Salvador pero viajan constantemente a supervisar las labores del Gobierno y del partido, que cada vez se confunden más.

Lo sorpresivo es que todos estos asesores provienen de las filas de la oposición venezolana, con altos puestos operativos en los equipos de Leopoldo López y Juan Guaidó.

La coordinadora del equipo de venezolanos en El Salvador es Sara Hanna, encargada hasta hace pocos años de organizar toda la agenda internacional de Lilian Tintori, la esposa de Leopoldo López que recorrió el mundo abogando por la liberación de su marido.

Hanna conoció a Karim Bukele cuando ya la familia administraba la alcaldía de la capital. Su relación personal llevó a Hanna a San Salvador y detrás de ella vinieron los otros asesores. En el Gobierno todos la consideran la jefa de gabinete, y aunque no es común verla en público, de vez en cuando es fotografiada en conferencias presidenciales o en operaciones de propaganda, viajando en helicópteros de la Fuerza Armada. Leopoldo López, el líder opositor venezolano, ha admitido que Hanna era una cercana colaboradora de su equipo, pero se ha desmarcado del proyecto de Bukele, del que ella es parte fundamental.

Lester Toledo, cofundador del partido opositor venezolano Voluntad Popular y coordinador del equipo de Guaidó para la ayuda humanitaria a Venezuela, ha coordinado las campañas electorales de Bukele y opera propaganda tanto del Gobierno como del partido Nuevas Ideas, que preside un primo del presidente, Xavi Zablah.

El Faro publicó una investigación que señala a Toledo como coordinador entre el Gobierno y el partido Nuevas Ideas.[1] Él y Hanna son las cabezas del grupo de venezolanos en El Salvador. También pasó por San Salvador Juan Carlos Gutiérrez, apoderado, según él mismo lo ha revelado, de Juan Guaidó. Gutiérrez trabajó un año como asesor del Gobierno de Bukele en combate a la corrupción, pero renunció «por diferencias con el rumbo del Gobierno».

---

[1]   Lester Toledo: «Yo armé toda la logística de los paquetes de alimentos». Jimmy Alvarado y Marcos Valverde. *El Faro*, 2 de diciembre 2021.

Tres

Tal vez la comparación más acertada hasta hoy no sea con Ortega ni Maduro sino con otro populista latinoamericano. Es posible trazar una línea paralela entre los dos primeros años de gobierno de Bukele y los dos primeros años de Alberto Fujimori en Perú, tres décadas antes. Como el peruano, Bukele inició la presidencia con un Congreso de mayoría opositora. Y como aquel, este también entiende la política como el arte de la imposición, un ejercicio unilateral y unívoco.

Ni Bukele ni Fujimori creyeron necesario negociar nada con los otros partidos políticos, y mientras se vieron obstaculizados en el legislativo, optaron por el ataque y la descalificación pública de sus opositores, apostando a que la presión popular resolviera los conflictos a su favor. Cuando los forcejeos se convirtieron en obstáculos, Fujimori primero y Bukele después optaron por gobernar vía decretos ejecutivos, aunque ello fuera inconstitucional.

El día en que tomó posesión de manos del presidente de la Asamblea, el 1.º de junio de 2019, fue la última vez que Nayib Bukele estrechó la mano de algún opositor.

El autoritarismo no tardó mucho, en ambos casos.

Antes de cumplir dos años en el Gobierno, Fujimori entró en un duelo a muerte con el Congreso que alcanzó tal punto que uno de los dos debía caer. Y cayó el Congreso mediante un golpe inconstitucional conocido como *el Fujimorazo*. Tan grave que abrió el período de inestabilidad política y de desafíos al Estado de derecho que sigue acechando a Perú tres décadas después. Con la destitución del Congreso, Fujimori se convirtió en un autócrata y así gobernó hasta su caída, a finales del 2000.

Bukele metió el acelerador y lo intentó antes de cumplir su primer año. En febrero de 2020 ingresó a la Asamblea rodeado por fuerzas del Ejército y amenazó con disolverla si no le aprobaban un préstamo para compras de seguridad. Sentado en la silla del presidente legislativo, cerró los ojos y juntó sus manos en oración. Luego salió y se dirigió a sus miles de seguidores que lo esperaban en la explanada: «Hablé con Dios y Dios me dijo: paciencia... En unos meses vamos a tener esta Asamblea. ¿Por qué la vamos a tomar por la fuerza?».

En ese momento, probablemente se percató de que el precio era muy alto para algo innecesario. Esa Asamblea, efectivamente, tenía fecha de caducidad: El Salvador celebraría elecciones legislativas en 2021 y Bukele llegó a ellas con más de 90 % de apoyo popular.

Mientras llegaban las elecciones, la pandemia sirvió de pretexto para dictar decreto de emergencia tras otro y quitar el poco poder que la oposición intentaba desesperadamente conservar desde la Asamblea. También sirvió para iniciar un camino interminable de contrataciones y compras directas sin procesos de licitación pública, que han marcado al bukelismo tanto como su autoritarismo.

El partido de Bukele y sus aliados barrieron en las legislativas y el presidente se hizo con mayoría absoluta. Sin necesidad de fujimorazo, tenía en dos años la misma cuota de poder que el peruano. Controlaba ya dos de los tres poderes del Estado, además de la policía y el Ejército. Le faltaban ya solo dos instituciones clave.

El 1.° de mayo de 2021 la nueva Asamblea tomó posesión. No tuvieron tiempo los nuevos diputados, casi todos novatos en la política, de familiarizarse con los protocolos de la institución. Ese mismo día, de manera ilegal, destituyeron a los magistrados de la Sala de lo Constitucional y al fiscal general de la República, y ese mismo día eligieron a sus relevos. El *bukelazo* fue un golpe al Poder Judicial. A nadie le sorprendió cuando los nuevos magistrados del

Constitucional emitieron su primera resolución, avalando la reelección presidencial que la Constitución explícitamente prohíbe.

Poco después, sus mismos diputados destituyeron a la tercera parte de los jueces y se reservaron el derecho de mover de los tribunales a todos los que consideraran necesario. La toma del aparato judicial estaba consumada.

La Asamblea le sirvió también para desatar abiertamente la cacería contra sus opositores hasta terminarlos. Sometió a decenas de funcionarios de gobiernos anteriores a una especie de juicio público ejecutado desde comisiones legislativas, trasmitidas en vivo en televisión, en las que se les insultaba y acusaba de todo, sin mayor derecho a defensa. El objetivo era la humillación pública. Al mismo tiempo, cayeron presos varios exfuncionarios.

Cuatro

Fujimori y Bukele se reencuentran en otro punto. Destruida la oposición política, echaron mano de un enemigo mayúsculo. Para el peruano fue Sendero Luminoso, la banda terrorista maoísta responsable de decenas de miles de asesinatos. Para Bukele fueron las pandillas o maras, responsables de la gran mayoría de los asesinatos que llevaron a El Salvador a estar entre los lugares más violentos del mundo.

Fiel a las formas por encima del fondo, a Bukele más que la destrucción de las pandillas le interesaba la apariencia de un programa de seguridad eficiente, reflejado en la reducción drástica de las tasas de homicidios. Sus funcionarios encontraron un atajo y negociaron con los principales líderes de las pandillas una reducción de la tasa de homicidios a cambio de algunos beneficios. La tasa de homicidios se redujo tan pronto como llegó el gobierno, que atribuyó el cambio a su secreto plan de seguridad nacional. La estrategia funcionaba en más de un sentido: permitió reforzar el presupuesto del Ejército y darle mucho más poder a su jefe, mientras que en las calles el despliegue de soldados y policías era evidente.

En tanto, líderes pandilleros con condenas de hasta cuarenta años de prisión eran liberados en secreto y por la puerta de atrás, algunos conducidos personalmente hasta la frontera con Guatemala por altos funcionarios del Estado.

El pacto entre el Gobierno y las pandillas se rompió el 25 de marzo de 2022, cuando la policía detuvo a un grupo de pandilleros que viajaban por carretera en un vehículo oficial del Gobierno, por razones que aún no se han esclarecido. En protesta, la Mara Salvatrucha asesinó en tres días a 87 salvadoreños y arrojó sus cuerpos en varios puntos del territorio nacional. La guerra estaba declarada.

Bukele no buscó enmiendas. Ordenó de inmediato cercos militares y en los días siguientes la Asamblea decretó el régimen de excepción que limita las garantías constitucionales, permite a la policía realizar capturas sin necesidad de órdenes judiciales y extiende a un mes la detención provisional.

Al año de decretarse el régimen de excepción, la policía había detenido a más de 66 000 salvadoreños y por lo menos 132 murieron bajo la custodia del Estado, muchos con signos de tortura, ninguno había sido condenado.[2] Amnistía Internacional y Human Rights Watch han denunciado decenas de violaciones a los derechos humanos y han pedido a los Gobiernos extranjeros que no cooperen más con la policía o el ejército salvadoreños.

Y sin embargo, cuatro años después de su llegada a poder, Nayib Bukele cuenta con casi 90 % de apoyo popular. Un caso insólito.

---

[2] «El Salvador: A un año del régimen de excepción, las autoridades cometen violaciones de derechos humanos de forma sistemática». *Amnistía Internacional.* Abril, 2023. https://www.amnesty.org/es/latest/news/2023/04/el-salvador-state-emergency-systematic-human-rights-violations/

Cinco

Es difícil hacer un análisis político o seguir el rastro ideológico de Nayib Bukele. Tras dos períodos como alcalde en las ciudades de Nuevo Cuscatlán y San Salvador; tras una campaña electoral presidencial y casi cuatro años al frente del Ejecutivo, no ha expresado nunca una utopía política ni una ideología fabricada sobre el estudio de políticas públicas y su convencimiento de cuáles son las más apropiadas.

Cuando se refiere al país que quiere construir parte siempre de la exclusión: el país donde los mismos de siempre ya no puedan hacer esto o aquello. El país con los suyos y sin los otros.

No debería de extrañar esto en un hombre que nunca ha generado pensamiento político. Que proviene del mundo de la publicidad y las discotecas.

Nayib Bukele es el hijo primogénito del empresario farmacéutico Armando Bukele, fundador del islam en El Salvador y un hombre cercano al FMLN. A este partido, que en los años ochenta fuera la más portentosa guerrilla latinoamericana, lo convenció el empresario de llevar a su hijo como candidato a alcalde de un pequeño municipio que comenzaba a desarrollarse, contiguo a los límites noroccidentales de San Salvador.

Nayib, un muchacho con más ambiciones sociales que intelectuales, había sido gerente de una discoteca y, posteriormente, su padre le abrió una agencia de publicidad. Desde allí, rodeado de sus hermanos y sus amigos del colegio, construyó una exitosa candidatura que coronó con una administración muy vistosa. Ofreció becas a todos los niños, puso una clínica dental gratuita (atendida por familiares de sus operadores políticos) y lanzó una sonda al espacio. Utilizaba las redes sociales como ningún político había visto nunca y conectó de inmediato con las generaciones más jóvenes de salvadoreños.

Al cabo de tres años, Bukele dejó una alcaldía con las arcas quebradas pero con una enorme publicidad y exposición. Desde uno de los municipios menos poblados y menos conocidos se había convertido en uno de los alcaldes más reconocidos. Era ya un fenómeno.

Su padre convenció al FMLN de que su hijo era la mejor opción si pretendían retener el gobierno de San Salvador, y Nayib volvió a ganar. Había prometido una obra por día y cumplió: gastó millones de dólares en televisión anunciando el número de obras que llevaba, aunque no dijera cuáles.

Bukele limpió el centro de San Salvador y lo volvió de nuevo un lugar visitable. Esa fue una obra importante y visible. Pero para llegar a 365 por año tenía que contar la inauguración de chorros de agua o el bacheo de calles menores. Esas no aparecían en los *spots* televisivos, en los que solo se veía la plaza Barrios perfectamente iluminada, el Teatro Nacional y un camión con recolectores de basura amables y felices.

El personaje estaba creado: Bukele era un político moderno que hacía obras. Mientras los otros hablaban, él hacía. Costara lo que costara.

Armando Bukele murió en 2015, pocos meses después de que su hijo jurara como alcalde de San Salvador. Huérfano de su gran operador político, Nayib Bukele comenzó a pelear públicamente con su partido, hasta que fue expulsado del FMLN en 2017. Era predecible: pocas veces un matrimonio a conveniencia ha sido tan poco natural. Un niño adinerado de la capital, sin experiencia política ni conocimientos de la historia nacional, metido en las primeras filas de un partido de exguerrilleros incapaces de renovar sus estructuras, su lenguaje y sus exigencias disciplinarias heredadas de los tiempos de guerra.

Bukele pasó en un día de prominente figura de la extrema izquierda a alcalde independiente con acciones tan derechistas que comenzaban ya a coquetear con los libertarios. Pero era un político tremendamente popular. Ya para entonces tenía operadores de redes sociales que disparaban y convertían en viral cada expresión del alcalde. Cuando anunció su candidatura presidencial, en 2018, pocos creyeron en él. No tenía partido ni bases. En los cuadernos de los políticos tradicionales, Bukele no tenía ninguna oportunidad («los troles no votan», llegó a decir un respetado analista).

Marginado por los grandes medios de comunicación y sin un anclaje territorial que le permitiera organizar mítines, hizo su campaña en Twitter, Facebook y YouTube, donde había cultivado su carrera política. Prometió dos cosas: terminar con la violencia y terminar con los corruptos. Se posicionó como el gran vengador de los salvadoreños víctimas de los políticos. Con eso bastó. Ganó más votos él solo que todos los partidos políticos juntos.

Así terminó la primera etapa de nuestra democracia, dominada durante tres décadas por los dos partidos que hicieron la guerra: la derechista ARENA y el izquierdista FMLN.

Bukele no solo está transformando, en muchos sentidos, el presente y el futuro del país, sino también el pasado, mediante su rechazo sin concesiones a todo lo que sucedió antes que él.

A diferencia del populista común, Bukele no se mira a sí mismo como el culmen de una historia de proezas ni como heredero de los héroes nacionales. No como el salvaguarda de esas grandes gestas que forjaron a la nación. En su universo, la historia nacional no culmina con él. La historia nacional comienza con él.

En diciembre de 2021 el presidente hizo una visita, al caserío de El Mozote, escenario de la peor masacre cometida en América Latina durante la Guerra Fría. Un millar de personas, la mitad de ellas menores de edad, fueron asesinadas por tropas del Ejército salvadoreño en diciembre de 1981.

Cuarenta años después y frente a sobrevivientes y familiares de víctimas en espera de justicia, el presidente salvadoreño les dijo: «La guerra fue una farsa. Mataron a más de 75 000 personas entre los dos bandos, incluyendo los mil aquí en El Mozote, y fue una farsa como los Acuerdos de Paz… Los mancillo porque fueron una farsa. Una negociación entre dos cúpulas».

Le aplaudieron, porque en ese discurso había dicho también algunas verdades, como que ninguno de los Gobiernos anteriores, surgidos de los Acuerdos de Paz, les había cumplido ninguna promesa. Pero él tampoco.

Poco antes de que Bukele llegara al poder, un juez de San Francisco Gotera llamado Jorge Guzmán admitió una denuncia contra los responsables de la masacre de El Mozote y, en un hecho sin precedentes, abrió un juicio en el que sentó a declarar como posibles imputados a coroneles y generales.

Ya en tiempos de Bukele, el juez ordenó a la Fuerza Armada entregar los archivos pertinentes para la investigación de la masacre. Ante la negligencia, ordenó allanar instalaciones militares en busca de información. El ministro de Defensa ordenó a todos los cuarteles prohibir el ingreso del juez, incumpliendo la orden judicial. Bukele mismo dijo después que no tenían nada.

Cuando ya controlaba el legislativo y la Corte Suprema, sus diputados aprobaron una enmienda a la ley de la carrera judicial, enviando al retiro a la tercera parte de los jueces del país, incluyendo a Guzmán, el que llevaba el juicio de El Mozote. Desde entonces el juicio está paralizado.

Pese al discurso de Bukele, los Acuerdos de Paz no fueron una farsa, sino el acta fundacional de una nueva nación. A pesar de sus carencias, el documento establece las bases de la convivencia democrática, ordenando el retiro militar de la vida política y la administración de las diferencias de pensamiento en las instituciones estatales.

Los Acuerdos desaparecieron a los antiguos cuerpos de seguridad pública, famosos por su participación en torturas, desapariciones forzadas y ejecuciones extrajudiciales, y crearon la Policía Nacional Civil; también crearon la Procuraduría para la Defensa de los Derechos Humanos.

Ninguno de estos históricos avances, que pusieron oficialmente fin a dos siglos de regímenes militares, es compatible con el populismo autoritario, con el ejercicio absoluto e incontestable del poder, que busca Nayib Bukele. (Cuando al ministro de Defensa le preguntaron si era leal a la Constitución, respondió que él era leal al presidente de la República).

Esta clase de ejercicio del poder requiere de la supresión de la verdad, a la que sustituye por una trama de mentiras.

Antes de iniciar su presidencia, cumpliendo una de sus promesas de campaña, el presidente acordó con la OEA la instalación de una Comisión Especial contra la Impunidad en El Salvador (CICIES). Dos años después, cuando investigadores de la tímida comisión encontraron fuertes indicios de corrupción en el manejo de los fondos de la pandemia, compartieron sus hallazgos con la Fiscalía. Allí terminó la promesa. Bukele expulsó a la CICIES del país y sustituyó al fiscal. Después cerró todo acceso a información pública.

No hay una sola institución gubernamental en El Salvador que brinde hoy información, medible o medida, sobre asuntos públicos. Ni el destino de los millones de dólares que la Asamblea autorizó a Bukele como partida extraordinaria para los festejos del bicentenario que nunca existieron. Ni quién paga los viajes en avión privado que el presidente y su familia hacen. Ni los contratos a asesores del Estado. Ni la cantidad de bitcoins comprados con dinero del Estado durante los insomnios del presidente, ni de qué partida salieron ni quién los custodia. Ni el destino de 3 000 millones de dólares aprobados como fondos de emergencia durante la pandemia. Ni los muertos en las celdas durante el régimen de excepción. Ni los pormenores del acuerdo con las pandillas ni por qué se rompió. Ni cómo se financiará el presupuesto del 2023, año preelectoral, cuando las finanzas del Estado se encuentran en estado de gravedad por el endeudamiento, por los gastos suntuosos, por la corrupción y porque la inversión extranjera proyectada con el bitcoin nunca llegó. Nada.

Pero aquí hay un asunto muy importante: el régimen de excepción y la encarcelación masiva de salvadoreños han tenido consecuencias en los territorios que apenas alcanzamos a ver. Las comunidades comienzan a sentirse por primera vez desde hace décadas libres del yugo de los pandilleros, que parecen haberse esfumado de sus calles al estilo de la limpieza de las favelas en Río antes de la Olimpiada de 2012.

Como Fujimori con Sendero Luminoso, a ojos de la ciudadanía Bukele está acabando con el enemigo público número uno. Es difícil pensar en un hecho más transformador para los salvadoreños que la ausencia de pandillas.

Y esto comienza a despertar entusiasmos en otros mandatarios de la región. La nueva presidenta de Honduras ya declaró la guerra a las pandillas y decretó su primer estado de excepción.

Pero también comienza a provocar otras preguntas: ¿Era posible hacer esto sin que Bukele tuviera todo el control del aparato de Estado y la posibilidad de violar la ley sin consecuencias? ¿Es necesario suspender los derechos y el respeto a la ley para combatir al crimen organizado? ¿Es la democracia un obstáculo para el combate al crimen organizado? Y si es así, ¿para qué queremos democracia si no es capaz de resolver los problemas más urgentes de la población?

La tentación autoritaria aumenta en América Latina, pero la historia demuestra que estos ciclos pendulares también se agotan y llegan a su fin. La trama de mentiras, por muy bien que se establezca, termina estrellándose con la realidad.

Fujimori, que contó con altísimo apoyo popular, terminó cayendo cuando se descubrió la red de corrupción que sostenía su brazo derecho, Vladimiro Montesinos. El caudillo de mano dura, hombre fuerte al que la gente rendía pleitesía, terminó en una cárcel.

El presidente salvadoreño parece saber que, cuando la mentira se agota, el único recurso para mantenerse en el poder es la fuerza. En cuatro años, ha duplicado el número de efectivos de la Fuerza Armada y aumentado su presupuesto y el de la Policía.

Pero aún no estamos allí. Bukele, el mandatario americano con mayor apoyo popular, ha anunciado su reelección, que será votada en 2024. No tiene oposición. Camina velozmente, entre aplausos multitudinarios, hacia una dictadura. La primera dictadura millenial de nuestra historia.

8

La década de los tres populismos en España

Ramón González Férriz

El 12 de mayo de 2010, el presidente del Gobierno español, José Luis Rodríguez Zapatero, del Partido Socialista (PSOE), anunció una serie de recortes en el gasto público. En 2009, España había tenido un déficit superior al 11 %[1] y en la primavera de 2010 la prima de riesgo de los bonos se había disparado. De modo que la reducción del gasto era casi inevitable. «A ningún presidente le gusta comparecer para anunciar recortes y a mí menos aún», dijo en el Congreso de los Diputados Zapatero, que durante los seis años anteriores se había preciado de aumentar el presupuesto para cuestiones sociales.

Los recortes, explicó, consistirían en una reducción general del gasto público que incluía el sueldo de funcionarios, las pensiones, la inversión y las prestaciones por nacimientos y para cuidados de mayores y enfermos. Las medidas eran «duras», dijo Zapatero, pero eran necesarias para transmitir al mundo que España era un país responsable que cumplía con sus compromisos. Y eso, dijo,

[1] https://datosmacro.expansion.com/deficit/espana

era compatible con su vaticinio de que lo peor de la crisis ya había pasado.[2]

La crisis era traumática por muchas razones. Por un lado, estaban las estrictamente económicas: en ese momento ya se había producido un gran aumento del desempleo y de los desahucios de quienes no podían pagar sus hipotecas o alquileres. Pero también se llevó por delante el relato que había dominado la política española desde el inicio de la democracia. Según este, el objetivo de la España democrática consistía en sacar al país de su secular atraso por medio de la europeización. Y eso requería estabilidad política.

Tras dos décadas de trabajosa modernización, esa europeización fue un éxito y dio recompensas inmediatas a los españoles: hacia el final del siglo XX España era una democracia plena, estaba integrada en la Unión Europea y el euro y su economía crecía a un ritmo con pocos precedentes. La mayor parte del dinero que a partir de entonces entró en el país, procedente de bancos e inversores que al fin consideraban a España un país financieramente fiable, se destinó al mercado inmobiliario: los españoles accedían a hipotecas relativamente baratas para comprar casas; al subir el precio de estas, aumentaba también la sensación de riqueza de los españoles propietarios, que en ocasiones se atrevían a asumir una nueva hipoteca para adquirir una vivienda más.

El Banco de España advirtió ya en 2003 que esa dinámica estaba adquiriendo el aspecto de una peligrosa burbuja financiada con un grado de deuda privada excesiva.[3] Pero muchos españoles no quisieron darse cuenta de que eso era así ni siquiera después del estallido

---

[2] Fernando Garea, «Zapatero da un vuelco a su estrategia con un recorte de sueldos públicos sin precedentes», *El País*, 13 de mayo de 2010, https://elpais.com/diario/2010/05/13/espana/1273701601_850215.html

[3] Banco de España, *Informe anual 2002,* https://www.bde.es/f/webbde/Secciones/Publicaciones/PublicacionesAnuales/InformesAnuales/02/inf2002.pdf

de la crisis financiera global, tras la caída de Lehman Brothers, en 2008. De hecho, el Gobierno español no pareció querer darse cuenta hasta dos años después, cuando el presidente compareció ante los españoles y dijo que había que imponer duros recortes.

El *shock* fue extraordinario. Este, además, se vio multiplicado porque coincidió con la eclosión de casos de corrupción en el Partido Popular (PP), entonces en la oposición, y el conocimiento, poco después, de que las cajas de ahorro iban a requerir un rescate público, en buena medida porque los directivos y consejeros nombrados por los partidos políticos para manejar esas instituciones habían llevado a cabo una gestión chapucera e incluso corrupta. Existía la sensación de que, en España, la crisis global se había visto agravada porque, durante treinta años, los dos grandes partidos se habían turnado en el poder y creado una especie de casta desconectada de las necesidades reales de la población.

A ello se sumaba la percepción de que los grandes medios de comunicación habían servido como meros transmisores de las políticas y los intereses de los partidos y las grandes empresas. Y después, en lo más alto, estaba la responsabilidad de la Corona: esta no tenía una participación directa en el gobierno del país, pero durante más de treinta años había sido una institución opaca, decían sus críticos, que no había rendido cuentas sobre sus gastos o las actividades privadas del rey, Juan Carlos I, y había sido protegida de los escándalos por los partidos y los medios.

Una generación sentía que la crisis había destruido sus expectativas. Era la generación que había nacido tras la muerte de Franco en 1975, durante los años de consolidación de la democracia. Sus padres le habían transmitido que si se comportaba de manera responsable —estudiando para acceder a la universidad, aprendiendo idiomas, preparando oposiciones o escalando pacientemente en el sector privado—, le iría mejor que a la generación anterior, al igual que a esta le había ido sustancialmente mejor que a la previa. Pero parecía que eso ya no era cierto: en 2011, el desempleo juvenil llegó a casi el 50 por ciento.[4]

Un año después del anuncio de los recortes del gasto público, el 15 de mayo de 2011, ese descontento generacional cristalizó en una gran manifestación en Madrid. La manifestación no fue particularmente masiva, pero tuvo una particularidad: no fue convocada por los partidos de la oposición, ni por los sindicatos, ni por la Iglesia ni por ninguna de las organizaciones que tradicionalmente habían articulado las protestas públicas en la España democrática. La había organizado una plataforma llamada Democracia Real Ya, que había coordinado por internet lo que parecía un estallido espontáneo de ira justificada contra las muchas cosas que estaban mal en España.

La manifestación pareció contar con un apoyo transversal, en parte porque sus lemas eran poco controvertidos: «No somos mercancía en manos de políticos y banqueros», decía la pancarta que encabezó la manifestación. Otras pedían «Democracia económica», «Que paguen la crisis sus culpables», «Parados, ¡moveos!».[5] Cuando terminó la manifestación en la Puerta del Sol, la plaza del centro de Madrid, centenares de personas, sobre todo jóvenes, se echaron sobre cartones, utilizando mochilas como almohadas, o se sentaron en sillas de plástico o en el suelo. Muchos pasaron ahí esa noche y las siguientes. Y la manifestación se convirtió en una acampada.

La acampada recibió el nombre de 15M por la fecha de la manifestación. Rápidamente se llenó de pequeñas instalaciones improvisadas y se organizó mediante asambleas y talleres. Y se fue convirtiendo

---

[4] «La tasa de paro juvenil en España supera el 46 %», *Europa Press*, 17 de febrero de 2012, https://www.europapress.es/economia/noticia-tasa-paro-juvenil-espana-supera-46-2012 0217113047.html

[5] «Cronología del 15-M», *El País*, 16 de mayo de 2016, https://elpais.com/elpais/2016/05/16/ album/1463392920_779494.html#foto_gal_9

en un símbolo de la angustia de España ante la crisis. Contaba con un enorme apoyo —más de un 70 % de quienes se habían interesado en las protestas decían tener una opinión positiva de ellas—,[6] pero con el transcurso de las semanas fue adquiriendo progresivamente un tono más partidista.

Los «indignados», como se les conocía por la influencia que había tenido en ellos el superventas ¡Indignaos! del pensador francés Stéphane Hessel, habían adoptado el estilo de reivindicación política de la izquierda antiglobalización y anticapitalista. Y la organización de la acampada pasó a estar en manos de veteranos activistas políticos con experiencia en la coordinación de protestas universitarias.

Las elecciones locales y autonómicas del 22 de mayo castigaron al PSOE de Zapatero por sus recortes, pero no transformaron de manera relevante el panorama político español. Y la acampada de Sol fue decayendo lentamente. Aunque la sociedad española siguió respaldando sus reivindicaciones, fue perdiendo el interés. En agosto, la policía expulsó a los acampados de Sol sin demasiados incidentes. En noviembre se celebraron las elecciones generales, a las que Zapatero, consciente del daño a su reputación que habían hecho los recortes, no se presentó. El PSOE, con un nuevo candidato, se hundió, y el PP de Mariano Rajoy —que había criticado los recortes pero había mantenido una cierta ambigüedad sobre las medidas que aplicaría en caso de gobernar— obtuvo la mayoría absoluta.

Esa serie de acontecimientos nos hizo pensar a muchos que el 15M había sido una manifestación de irritación justificada ante la progresiva degradación del sistema político español, pero también una muestra de que no se habían comprendido bien los efectos perniciosos que habían tenido los años de crecimiento desmedido basado

---

6 Centro de Investigaciones Sociológicas, *Barómetro de junio,* junio de 2011, https://www.cis.es/cis/export/sites/default/-Archivos/Marginales/2900_2919/2905/Es2905.pdf

en el endeudamiento. Muchos también pensamos que había sido un fenómeno pasajero. Durante meses, así lo pareció, a pesar de que, en contra de lo que había repetido Zapatero, lo peor de la crisis no había pasado. En realidad, no lo haría hasta 2014. Y, de hecho, los recortes del Gobierno que habían provocado la gran protesta fueron solamente las primeras de las muchas medidas duras que se llevarían a cabo durante los años posteriores: desde aumentos de impuestos a una devaluación de los salarios o un rescate bancario que requirió miles de millones de euros de los contribuyentes.

Los recortes del Gobierno socialista de 2010 fueron el inicio de una década enormemente convulsa en España, en la que se transformó el sistema de partidos y emergieron, por lo menos, tres movimientos populistas de signo distinto pero que compartían la sensación de que era urgente acabar con el *statu quo*: el independentismo catalán, y la izquierda y la derecha radicales. La nueva izquierda estuvo directamente inspirada por ese originario 15M, y en cierto sentido, el independentismo en Cataluña y el auge de la derecha autoritaria fueron una respuesta a él. Los tres movimientos populistas tenían un trasfondo económico y de ira ante la aparente decadencia del sistema político español basado en el bipartidismo.

Pero con el paso de la década, todos ellos se fueron entrecruzando con fenómenos globales, como la crisis de Grecia, el Brexit, la llegada al poder de Donald Trump en Estados Unidos o el auge de la derecha autoritaria en buena parte de los países europeos. Se impregnaron de los rasgos identitarios y culturales que han marcado la política occidental de los últimos años. Y también compartieron sus estrategias: la utilización de la comunicación política por encima de los programas realistas; la división de la sociedad entre un pueblo honesto y democrático frente a una élite corrupta y antidemocrática; la constante transformación de sus objetivos y programas en función de la coyuntura política cotidiana y el reclutamiento de candidatos y propagandistas que se habían sentido excluidos del reparto de poder político y económico de las últimas décadas.

Los tres movimientos supieron detectar un malestar real y la necesidad de aportar una oferta ideológica que ampliara la existente en un sistema básicamente bipartidista. Esta era su gran ventana de oportunidad. La aprovecharon y en distintos momentos de la década pareció que cada una de ellas podía alcanzar sus objetivos políticos. En el proceso generaron una enorme polarización en la sociedad española que fue más allá de los cauces habituales de la discrepancia política.

«Tenim pressa»

El nacionalismo catalán había estado en el centro de todos los debates políticos, y había gestionado el Gobierno autónomo de Cataluña, durante la mayor parte del período democrático. Su estrategia había operado en dos planos temporales. A corto plazo, su objetivo era aumentar paulatinamente la autonomía de Cataluña dentro de España: a cambio de apoyar a los Gobiernos centrales que lo requirieran, conseguía más competencias para el Gobierno autónomo, lo que se traducía en un mayor predominio de la lengua catalana en la educación, más recursos económicos o una cierta relajación de las normas constitucionales.

Todo eso alimentaba la sensación de que Cataluña no solo era una Comunidad Autónoma con rango de nacionalidad, como consagraba la Constitución, sino de que su autogobierno podía ser ilimitado. A largo plazo, el objetivo del nacionalismo catalán era la independencia de Cataluña. Una de sus claves operativas consistía en no señalar la fecha para la consecución de ese objetivo ni describir los procesos concretos que llevarían a él. Pero se trataba de la meta que siempre estaba en el horizonte y que guiaba todas las políticas nacionalistas.

Como los Gobiernos de las demás Comunidades Autónomas, el de la Generalitat catalana, presidido por Artur Mas, del partido conservador nacionalista Convergència i Unió, tuvo que hacer frente a la crisis y al rápido crecimiento de la deuda con recortes del presupuesto público. Entre 2010 y 2012 el gasto total de la Generalitat se redujo un 20 %, lo que afectó especialmente a la educación y la sanidad.

Ante esa realidad, el nacionalismo recurrió a su argumentario tradicional. Afirmó que los recortes eran producto de una mala financiación del Gobierno autonómico por parte del Gobierno central. Este, decía el argumento, trataba de asfixiar la economía catalana para impedir que creciera más que la de otras regiones españolas, como Madrid. Para remediar ese supuesto maltrato, en 2012 Mas se reunió con el ya presidente español Mariano Rajoy para exigirle un pacto fiscal de acuerdo con el cual Cataluña pudiera disponer de más recursos y gestionarlos libremente, sin la intromisión de la Hacienda española. Mariano Rajoy se negó por razones políticas —esa redistribución del dinero habría molestado enormemente a su electorado en el resto de España—, pero también constitucionales y financieras.

En ese momento, España se encontraba al borde de la bancarrota. Existía la posibilidad de que las instituciones europeas tuvieran que rescatarla y se hablaba incluso de una posible salida del euro. Ese fue el contexto en el que el nacionalismo vio su ventana de oportunidad. En respuesta a la negativa, Artur Mas convocó unas elecciones regionales anticipadas, a las que se presentó con un cartel extrañamente mesiánico para un político tan tecnocrático como él, con una postura que recordaba a la de un profeta guiando a las masas bajo el lema «La voluntad de un pueblo» y con la reivindicación explícita del derecho de autodeterminación.

Esa radicalización intentaba recoger un malestar social que los partidos nacionalistas estaban tratando de canalizar hacia el independentismo para evitar que, como en el caso del 15M, fuera capturado por la izquierda. Y con ese giro se inició lo que se conoció durante el resto de la década como el *procés*, el proceso: la serie de medidas políticas, acompañadas siempre por una prolija operación comunicativa impulsada por los medios y los intelectuales afines y los propios órganos de propaganda de la Generalitat, que debía culminar con la independencia.

El proyecto era extraordinariamente difícil, y hoy en día algunos políticos, como el propio Artur Mas, reconocen que ese proceso se inició solamente para presionar al Gobierno español y convencerlo de que hiciera más cesiones económicas.[7] Pero es probable que muchos de los líderes lo creyeran viable a pesar de que la mitad de la población catalana era contraria a la independencia, que esta no cabía en el orden constitucional y que, en contra de las expectativas de los independentistas, carecía de apoyos en el exterior, y muy singularmente dentro de las instituciones de la Unión Europea.

Como había hecho el nacionalismo catalán desde el principio de la democracia, el *procés* mezclaba las exigencias económicas con las identitarias. Según los independentistas, Cataluña no solo estaba siendo boicoteada económicamente por el Gobierno central, sino que su identidad —basada en la lengua catalana— corría el riesgo de desaparecer si no se lograba la independencia de manera urgente.

Muchos seguidores del *procés*, organizados por instituciones de la sociedad civil que recibían el apoyo de la Generalitat, mostraban un compromiso casi religioso. Afirmaban que tenían prisa por la independencia, que el suyo era un proceso imparable e inevitable;

---

[7] Cristian Reino, «El secesionismo reconoce que engañó con el "procés"», *El Correo*, 17 de octubre de 2021, https://www.elcorreo.com/politica/secesionismo-reconoce-engano-proces-20211017162014-ntrc.html

cuando las instituciones europeas decían no querer inmiscuirse en ese proceso o los líderes independentistas cometían algún error estratégico, señalaban que esos aparentes reveses ocultaban movimientos tácticos secretos que acercaban un poco más el objetivo final.

Los independentistas no eran más que una muy ajustada mayoría, cuya fuerza electoral nunca superó el 52 % de los votos en las elecciones catalanas. Estaba formada casi por completo por ciudadanos de lengua catalana e ingresos elevados, frente a los no independentistas, en general más pobres y castellanohablantes. Pero afirmaban hablar en nombre de todo el pueblo catalán: eran, decían, «un sol poble».

Y aunque las instituciones de la Generalitat emanaban de la Constitución, sus líderes consideraban en realidad que esta era la continuación de instituciones medievales que daban a los líderes políticos una legitimidad por encima de las leyes españolas del momento.

En octubre de 2017 la Generalitat celebró un referéndum de independencia. Este no fue pactado con el Gobierno central, sino que fue unilateral e ilegal. Su censo fue irregular y careció de las garantías de los procesos electorales estándar, pero contó una gran participación que el Gobierno español trató de disuadir mediante cargas violentas de la policía.

Las imágenes, transmitidas por televisión y a través de las redes sociales, reafirmaron las bases ideológicas del independentismo: España era un país inherentemente anclado en el franquismo y su cultura unificadora y represora, razón por la cual la independencia era urgente. Y que el mundo entero pudiera ver a esos policías españoles golpeando a pacíficos votantes sin duda contribuiría a ello.

Pero ningún país reconoció la independencia que, supuestamente, la victoria en el referéndum había consagrado, y nada cambió en la actividad cotidiana de la administración pública en Cataluña. Algunos miembros del Gobierno catalán fueron más tarde juzgados y encarcelados por delitos vinculados a la celebración del referéndum, y otros, como el presidente de la Generalitat que sucedió a Mas, Carles Puigdemont, huyeron.

Este lo hizo a Bruselas, donde inició una campaña que continuaba lo ya hecho para «internacionalizar» el conflicto y conseguir que las instituciones globales obligaran a España a pactar un referéndum legal de independencia. A pesar de todo, las instituciones europeas se negaron a intervenir, no hubo ninguna clase de reconocimiento internacional y, en buena medida, el objetivo del movimiento «procesista» dejó de ser la consecución de la independencia de Cataluña a corto plazo y pasó a ser la denuncia del carácter represor del Estado español.

Sin embargo, una vez el Gobierno central concedió a los encarcelados un indulto, esas reivindicaciones, que no desaparecieron, empezaron a ser sustituidas por una tímida exigencia de explicaciones a los líderes del *procés*, que no solo no habían conseguido la independencia tras presentarla como algo alcanzable e inevitable, sino que se habían quedado, aparentemente, sin ideas para hacerlo.

Empezó entonces, alrededor de 2021, un enfrentamiento entre independentistas: los liderados por el presidente Puigdemont desde Bruselas querían seguir con la movilización constante y la exaltación ideológica que se había dado durante casi una década; los representados por Esquerra Republicana, el partido independentista de izquierdas que en ese momento lideraba el Gobierno de la Generalitat, pensaban que la ventana de oportunidad se había cerrado sin éxito, era preciso volver a la vieja estrategia nacionalista de los dos tiempos, preparar con paciencia una independencia futura sin fecha y, mientras tanto, ir blindando el creciente autogobierno de Cataluña.

El independentismo, al final de cuentas, venció y perdió. Por un lado, fue capaz de organizar una movilización sin precedentes durante casi una década. Y los nacionalistas se aseguraron el control del Gobierno regional. Por el otro, no consiguió la independencia y sus miembros más lúcidos se percataron de que, tanto si había sido una táctica para tener mayor poder de negociación con el Gobierno central como si había sido un intento genuino de alcanzar la independencia, se trataba de un proyecto, por el momento, inalcanzable.

El independentismo fue, en todo caso, un populismo peculiar. Estuvo impulsado por las élites desde las propias instituciones democráticas, y mezclaba la retórica progresista e inclusiva con el desdén por la minoría castellanohablante, algunas prácticas que vulneraban el Estado de derecho —como la reivindicación de una política plebiscitaria o la limitación de los derechos de las minorías— y una creciente semejanza con el populismo nacionalista de derechas que en ese momento crecía en toda Europa.

De la indignación al cambio político

Desde que en 1982 el PSOE consiguiera la primera gran mayoría absoluta de la democracia, el Partido Comunista, y más tarde Izquierda Unida, habían tenido representación parlamentaria. Pero no habían participado en el gobierno del país y habían ejercido un papel más bien simbólico. Durante décadas, habían intentado adaptarse a las nuevas reivindicaciones de la izquierda, como el feminismo y el ecologismo, sin renunciar del todo a sus raíces comunistas. Pero sus mismos dirigentes y partidarios parecían en muchas ocasiones resignarse a ser un legado residual, aunque digno, de las viejas luchas políticas.

En esa relativa marginalidad se movían muchos de quienes, en marzo de 2014, fundaron Podemos. Algunos de ellos procedían del ámbito universitario; otros del activismo político tradicional, que habían participado durante su juventud en movimientos contra la globalización o la precariedad de la vivienda y, durante la crisis, lo habían hecho contra los recortes o los desahucios. Algunos de ellos habían tenido sus primeras experiencias políticas dentro de la Fundación Centro de Estudios Políticos y Sociales, una organización anticapitalista que había ofrecido servicios de consultoría a partidos y Gobiernos de izquierdas latinoamericanos.

Juan Carlos Monedero, uno de los fundadores, había recibido cientos de miles de euros del Gobierno venezolano por trabajos de asesoría. Íñigo Errejón, otro impulsor, había escrito una tesis doctoral que estudiaba y halagaba la llegada al poder de Evo Morales en Bolivia. Muchos de ellos tenían ideas sofisticadas sobre el populismo —un término que utilizaron con orgullo en sus primeros años de acción política— y tenían una vinculación intelectual y sentimental, además de práctica, con los movimientos revolucionarios latinoamericanos.

A consecuencia de ello, esos líderes tendían a analizar la crisis económica y política española aplicando su formación política latinoamericana a la realidad local y transfiriendo a España las ideas políticas que dominaban en América sobre la enorme desigualdad social, el recelo de amplias capas de la sociedad hacia el Estado, la existencia de castas políticas inamovibles y de partidos basados en la corrupción y la conexión con las élites económicas.

Pero, al mismo tiempo, sus integrantes manejaban con soltura el ecosistema mediático español. Su primer líder, Pablo Iglesias, acudía a tertulias políticas en pequeñas cadenas de televisión en las que se labró la fama de osado y radical. Iglesias estaba dispuesto a innovar en materia de comunicación política de una manera en que los partidos tradicionales aún no se atrevían a hacerlo. Al punto de que la coleta con la que se recogía el cabello largo se convirtió en un reclamo electoral; y su discurso, plagado de referencias a «los de abajo» frente a «la casta», apelaba constantemente a la indignación. Hasta tal punto que su manifiesto fundacional se tituló, precisamente, «Convertir la indignación en cambio político».

El objetivo era superar la tradicional inoperancia electoral del comunismo español e introducir el 15M en las instituciones. Y, con ello, colocar en la agenda política española muchas ideas que hasta entonces habían sido planteadas y discutidas en la universidad, en grupos minoritarios de izquierdas y en libros de pensadores y activistas: desde la prohibición de los desahucios a la cancelación de la deuda pública, de la introducción de votaciones de revocación para destituir a los gobiernos que no cumplieran sus promesas a los límites salariales, la nacionalización de empresas de sectores estratégicos, la regulación estricta de los medios de comunicación y, por encima de todo, la denuncia de una «casta» política, empresarial y cultural corrupta, y encabezada por la monarquía, que dominaba de manera opaca todos los ámbitos de la vida del país.

El proyecto fue recibido con una simpatía enorme. Dos meses después de su fundación, en mayo de 2014, Podemos consiguió el 7.98 % de los votos en las elecciones al Parlamento Europeo, convirtiéndose en el cuarto partido más votado. En noviembre de 2014, una encuesta encargada por *El País* lo señalaba como el partido con mayor intención de voto.[8] En las elecciones nacionales de un año después, en diciembre de 2015, Podemos consiguió 69 diputados de los 350 del Congreso español, convirtiéndose en la tercera fuerza. En la toma de posesión, una de las diputadas dio de mamar a su bebé en el escaño y varios de sus compañeros dejaron sus abrigos ostentosamente sobre el suyo: era una manera de mostrar que su estilo era distinto, que eran recién llegados a la política y no conocían ni querían adaptarse a las costumbres de esta.

---

[8] Fernando Garea, «Podemos supera a PSOE y PP y rompe el tablero», *El País*, 2 de noviembre de 2014,https://elpais.com/politica/2014/11/01/actualidad/1414865510_731502.html

En ese momento, España ya estaba prácticamente recuperada de la crisis financiera y, tras años de recortes, la economía volvía a crecer. Pero el sistema de partidos apenas empezaba a transformarse y la ventana de oportunidad para transformar la política española seguía abierta. Podemos iba adaptándose a las circunstancias políticas del momento.

Por un lado, iba abandonando la retórica bolivariana y escogía un registro menos grandilocuente. No hacía referencia al «pueblo», sino a la «gente». Pablo Iglesias trazaba constantes analogías entre series de televisión como *Juego de tronos*, y otros productos de la cultura popular, con la política española y su propio partido, al tiempo que Íñigo Errejón hacía interpretaciones de la teoría del populismo según la cual Podemos podía ser un «significante vacío»: el receptor de todo el malestar acumulado en España, más allá de cuál fuera el posicionamiento de cada votante en cuestiones políticas concretas.

A veces, Podemos parecía querer ser un movimiento transversal, sin más ideología que el «sentido común». En otras ocasiones, aparecían sus raíces en la izquierda de origen comunista. El partido alardeaba de tener una estructura moderna y ágil, pero cada vez centralizaba más el poder en la figura de Iglesias. Y vivía la contradicción habitual de todos los insurgentes que alcanzan un cierto grado de poder, lo que fue reduciendo poco a poco su popularidad y su apoyo electoral. Dejó de utilizar el término «casta», con el que hasta entonces se había referido a quienes ocupaban posiciones de poder y privilegio, para utilizar el de «trama», una supuesta conjura de los verdaderos poderosos que operan en la sombra.

Y, de hecho, su líder fue centrando su discurso más en las críticas a las élites, y la necesaria destrucción del sistema político bipartidista y monárquico que en las cuestiones más pragmáticas en materia de economía o justicia social. Su colaboración con el proyecto de desmontaje del sistema constitucional le hacía coincidir en muchos sentidos con los inductores del *procés* a pesar de que previamente había reivindicado, aunque con poco convencimiento, una especie de patriotismo español transversal. Su ira, que había sido un activo del partido, empezaba a convertirse en un rasgo antipático, casi *amateur*.

Tras el escándalo suscitado porque Iglesias y su pareja, la diputada Irene Montero, compraron una casa valorada en 600 000 euros, cifra que en años anteriores Iglesias había mencionado como ejemplo de lujo intolerable para un político,[9] sometieron su decisión a un referéndum entre los miembros del partido.

Progresivamente, los fundadores fueron relegados en la toma de decisiones o dimitieron, e Iglesias se rodeó de colaboradores de un perfil más bajo. Hubo escisiones. Y las contradicciones se multiplicaron aún más cuando, en un momento en que el partido perdía apoyos —en las elecciones de 2019 su representación cayó a los 35 diputados— pasó a formar parte de la coalición de Gobierno con el PSOE y el propio Iglesias se convirtió en vicepresidente.

Fue un premio ambiguo tras cinco años de ascenso político. Aunque con la llegada de la pandemia de COVID el Gobierno español fue adoptando medidas económicas y sociales de izquierdas, el papel de Iglesias en un gobierno formado básicamente por políticos ortodoxos era claramente incómodo. «Estar en el Gobierno no significa estar en el poder», afirmó en una entrevista,[10] frustrado por lo difícil que le resultaba implementar la agenda política de su partido, porque, según él, vivimos en una «democracia limitada» en la que, por muy democráticas que sean las decisiones del Gobierno, los ricos y los poderosos pueden resistirse a ellas.

---

[9] https://twitter.com/PabloIglesias/status/237514956738813952?s=20&t=aLSwYpIxR4J-zZtou3UxtA

[10] «Pablo Iglesias: "Me he dado cuenta de que estar en el Gobierno no es estar en el poder"», *Onda Cero*, 15 de enero de 2021, https://www.ondacero.es/noticias/espana/pablo-iglesias-dado-cuenta-que-estar-gobierno-estar-poder_202101156001cc91bc50ef00018599f3.html.

Era una imagen llamativa: parecía un político excusándose por no poder cumplir su programa, pero pidiendo que se le disculpara por ello porque, en realidad, él no era un político como los demás.

Poco menos de un año después de alcanzar la vicepresidencia y el punto álgido de su poder personal, mientras su partido obtenía cada vez peores resultados electorales, Iglesias dimitió de todos sus cargos. La ventana de oportunidad que él y los demás fundadores de Podemos habían sabido detectar con inteligencia se estaba cerrando: la transformación de la política española, que se inició con los indignados, solo se había producido de manera parcial y, aunque un gobierno de coalición de izquierdas era un logro en sí mismo, las constricciones institucionales españolas impedían llevar a cabo la transformación con la que Iglesias y los demás fundadores de Podemos soñaron y luego fueron modulando por el principio de realidad.

Su partido fue un triunfo inusual de la comunicación política, la imaginación ideológica y la adaptación al medio, pero demostró mantener los peores vicios de la política izquierdista de siempre: la polarización como estrategia política, la centralización del poder alrededor del líder y la incapacidad de entender a la sociedad más allá de estrechos marcos ideológicos. Fue un triunfo y un fracaso.

Iglesias decidió volver a la actividad para la que tiene verdadero talento: la agitación ideológica y el cultivo de las pasiones políticas como escritor, periodista, participante en debates y parte de la izquierda alternativa global. En muchos sentidos, esa pareció ser su vocación, y la de una parte de su partido, desde el principio: permanecer en la simple indignación. En parte porque, incluso después de que el Gobierno de coalición asumiera algunas de las reivindicaciones originales de Podemos, como la reducción de la desigualdad económica o las políticas feministas, su cometido último tenía elementos revolucionarios imposibles de llevar a cabo en una democracia liberal con instituciones relativamente independientes.

Un partido de extrema necesidad

En España, la derecha autoritaria había sido marginal durante la mayor parte de la democracia. Desde los años de la Transición, careció de representación parlamentaria, y los reiterados intentos de articularla alrededor del rechazo a la inmigración, de la nostalgia del franquismo o del euroescepticismo habían fracasado una y otra vez.

El PP había llevado a cabo una inteligente estrategia para hacer que en su seno cupieran desde liberales y democristianos moderados hasta políticos más radicales y autoritarios que, pese a sus ideas y proyectos más extremos, sabían que no había vida para ninguna formación, ni ninguna idea, que se situara fuera del PP y más a la derecha de este.

A diferencia de Podemos, Vox no tuvo éxito inmediatamente después de su creación. El partido fue fundado en 2013 por exsimpatizantes y expolíticos del PP decepcionados con el Gobierno de Mariano Rajoy. Este llevaba dos años gobernando y había emprendido reformas económicas importantes, pero no había llevado a cabo algunas de las medias que, a juicio de estos decepcionados, eran la razón de ser de la derecha: una recentralización del Estado de las autonomías, una posición firme y activa contra el independentismo catalán, una bajada general de los impuestos y el regreso a políticas conservadoras en cuestiones sociales como el matrimonio homosexual o el aborto. Para esos disidentes, el PP del momento se limitaba a administrar el Estado con un espíritu más tecnocrático que ideológico. Era, según una expresión que más adelante se haría célebre, una «derechita cobarde». Vox, creían sus fundadores, venía a devolver a la derecha a su lugar natural.

Pero los fracasos del nuevo partido fueron constantes. Durante cinco años no consiguió representación institucional más allá de algunos Gobiernos locales. Sin embargo, alrededor de 2015 el clima político empezó a cambiar en Europa. En muchos sentidos, de una manera tan radical como lo hizo tras la crisis financiera. En el ámbito de la derecha, incluso más. El acontecimiento que lo provocó fue la llegada a la Unión Europea de millones de refugiados procedentes de Siria, Afganistán, Irak y otros países asolados por la guerra y la inestabilidad.

La mayoría de países rechazó su entrada a Europa pero Angela Merkel decidió que Alemania acogiera hasta a un millón y medio entre 2015 y 2016. «Somos capaces de hacerlo», dijo la canciller. Pero muchos partidos de derecha europeos que llevaban décadas criticando la inmigración y la islamización de Europa pensaron que, en realidad, Occidente no podía permitirse ese flujo de recién llegados.

A partir de entonces, la inmigración se convirtió en uno de los temas centrales de la agenda política occidental. Fue un tema básico en la campaña de Trump, y su promesa de políticas duras contra la llegada de extranjeros fue una de las causas de su victoria.

El rechazo a la inmigración se convirtió en el gran tema subyacente en la votación del Brexit en Reino Unido. En 2017, Marine Le Pen llegó a la segunda vuelta de las elecciones presidenciales francesas; no era la primera vez que la derecha autoritaria lo lograba, pero ahora lo hacía atacando a la Unión Europea por su apertura a los refugiados.

En Alemania, un pequeño partido que había nacido durante la crisis financiera para oponerse a las políticas del Banco Central Europeo y el euro, Alternativa por Alemania, creció tras centrarse en las críticas a la llegada de refugiados. En Italia, la Liga se opuso radicalmente a la llegada de inmigrantes a las costas de Sicilia y con ello inició el auge que le llevaría al Gobierno italiano.

En 2017, todas esas nuevas derechas se reunieron en la ciudad alemana de Coblenza para poner en común experiencias y aunar estrategias a nivel europeo. Vox fue invitada también. Santiago Abascal, líder del partido, llamó a esa reunión «el epicentro de la gran reacción que se avecina en todo el mundo […] el punto de inflexión para […] la salvación de Occidente». Vox había pasado de ser un partido conservador a ser parte, en expresión utilizada por Abascal en su discurso, de la «derecha alternativa».[11]

A partir de ese momento —que coincidió con el referéndum ilegal de Cataluña—, Vox despegó. En las elecciones regionales andaluzas de 2018 logró casi el 11 % de los votos. En las elecciones de la Comunidad de Madrid del año siguiente, un 9 %. Se presentó a las elecciones nacionales de 2019 con un programa que defendía una fuerte recentralización del sistema político español y la suspensión de la autonomía de Cataluña por los hechos del *procés*, la deportación de los inmigrantes con delitos, cerrar las mezquitas que transmitieran mensajes fundamentalistas, la defensa de los toros y la caza, la «supresión de organismos feministas radicales subvencionados» y la marcha atrás en el proceso de integración europeo.[12] Las líneas económicas eran pura ortodoxia conservadora: reducción y reforma del estado, impuestos bajos, eliminación de gastos públicos superfluos.

Pero más allá de sus medidas programáticas, Vox apostaba su crecimiento a una comunicación política centrada en la guerra cultural. Abascal hablaba de iniciar una Reconquista —evocando las guerras de cristianos contra musulmanes por recuperar territorios de la península ibérica durante la edad media— y se fotografiaba con un casco utilizado por los Tercios españoles del siglo XVI.

En las redes sociales, su cuenta oficial difundía un meme en el que Aragorn, el héroe de *El señor de los anillos,* era Vox y los orcos a los que se enfrentaba una masa confusa de feministas, comunistas,

---

11 «Discurso de Santiago Abascal en la cumbre de Coblenza (Alemania)», https://www.youtube.com/watch?v=O1wwSICsa9Y

12 «Programa electoral de Vox en las elecciones generales de 2019», *El Correo*, 11 de noviembre de 2019, https://www.elcorreo.com/elecciones/generales/programa-electoral-vox-elecciones-generales-2019-10-noviembre-20191111164619-nt.html

independentistas y LGBT. Vox también importaba argumentos ideológicos: habló de liberalizar la tenencia de armas y de construir vallas en Ceuta y Melilla, en una traslación directa de dos argumentos políticos de Donald Trump.

Pero también empezó a hablar de la presunta influencia del financiero y filántropo húngaroestadounidense George Soros en el auge del feminismo, el independentismo y los valores progresistas. Algunos de sus líderes hablaban incluso de la teoría de la sustitución, según la cual las organizaciones internacionales y los gobiernos progresistas pretenden sustituir a la población blanca cristiana por inmigrantes musulmanes, y, llegada la pandemia, alimentaron cierta confusión acerca de las vacunas.

En las elecciones de abril de 2019 Vox al fin entró en el Congreso, con 2.6 millones de votos y 24 diputados. Pero en las elecciones de noviembre de ese mismo año, que se celebraron debido a que ningún partido logró formar gobierno, pasó a 3.6 millones de votos y 52 diputados, con lo que se convirtió en la tercera fuerza política del Congreso.

Cuando preguntaban a los líderes de Vox si este era un partido de extrema derecha, respondían que era, más bien, un partido «de extrema necesidad». Pero, a pesar de su enorme éxito, Vox parecía dudar entre dos modelos de partido.

Sus rasgos de identidad más claros, y probablemente los que le habían dado popularidad, eran su conservadurismo construido alrededor del nacionalismo español contrario al *procés*, la oposición a los valores culturales del progresismo y el feminismo, el rechazo a la inmigración musulmana y la defensa de la España rural.

Sin embargo, tenía la tentación constante de ser también una derecha alternativa que defendía teorías de la conspiración y batallaba contra la supuesta conjura de los globalistas, las feministas, los musulmanes y los marxistas contra el pueblo.

La ambivalencia empezó a aparecer también en su programa económico. La ortodoxia económica de este iba virando hacia el modelo de Reagrupación Nacional, de Marine Le Pen en Francia, con el objetivo de cortejar a las clases trabajadoras desengañadas con la izquierda. Vox empezó a ofrecer a estos votantes un generoso estado del bienestar del que serían excluidos los inmigrantes, la construcción de vivienda pública y la eliminación de gastos públicos superfluos que beneficiaban a la casta para financiar las necesidades del pueblo trabajador.

De repente, Vox convirtió a los banqueros, los altos funcionarios y las empresas cotizadas en sus enemigos. El giro podía tener sentido electoral: algunos análisis del partido señalaban que este ya había conseguido todos los votos procedentes de la derecha a que podía aspirar. Pero la incongruencia era llamativa incluso en el plano estético: costaba ver al reducido grupo de fundadores, que transmitían con su indumentaria y estilo personal que procedían de la clase alta y, en ocasiones, tenían altos cargos en la administración o procedían de familias con tradición en la política española conservadora o la gran empresa, como líderes de un partido nacional-obrerista.

Esa ambivalencia no era extraña para la nueva derecha europea, que mezclaba rasgos de la vieja derecha tradicional con otros nuevos y más populistas. Pero en el caso de Vox parecía no resolverse nunca. Y con la renovación del PP tras un cambio de líder, empezaron sus problemas. Se volvió irrelevante en las dos regiones en las que había iniciado su espectacular carrera, Andalucía y Madrid. Las encuestas previas a las elecciones de julio de 2023 señalaban que Vox había dejado de crecer o, incluso, que iniciaba un cierto declive en la intención de voto.

Del mismo modo que Podemos, Vox no había logrado su primer objetivo, convertirse en el gran partido de su bloque ideológico, en su caso superando o engullendo al PP. Como Podemos, parecía condenado a ser un socio menor en una futura coalición de Gobierno, en su caso con el PP. En caso de producirse esa coalición, podía repetir la experiencia de Podemos: alcanzar el mayor poder institucional en un momento de gradual declive electoral.

Es prematuro dar por sentada la decadencia de Vox, el último partido populista en tener un gran auge en España. Pero al menos en el momento de escribir esto parece seguro que el PP mantendrá la hegemonía dentro de la derecha y que lo hará conservando sus rasgos ideológicos tradicionales. Vox supo subirse con inteligencia a la oleada nacional-populista europea de la segunda mitad de la década de 2010. Pero, tampoco fue capaz de acabar con el bipartidismo imperfecto español —o sustituir al PP dentro de él— y su sistema de distribución del poder. Es probable que la ventana de oportunidad se haya cerrado.

La retroalimentación de los tres populismos

Es probable que el ciclo político que se inició con los recortes del gasto público de José Luis Rodríguez Zapatero y la explosión de descontento del 15M esté acabándose. Ha sido un ciclo dominado por una enorme volatilidad, por los experimentos ideológicos, por la importación de tendencias extranjeras, el dominio de la comunicación sobre los programas y el surgimiento de emprendedores políticos que aspiraban a derribar el sistema bipartidista y a sustituir a sus protagonistas.

Es pronto para decirlo con toda seguridad, pero es probable que esos intentos hayan fracasado parcialmente tras su fulgurante éxito inicial. Hoy, la intención de voto parece señalar que los dos grandes partidos políticos, el PSOE y el PP, siguen siendo mayoritarios, aunque más pequeños que al inicio de este ciclo. Y la vida mediática, cultural y económica que de alguna manera se articula alrededor de ellos sigue dominando en la sociedad española.

Durante una crisis económica devastadora, el auge de la preocupación por la inmigración y, al final del ciclo, una pandemia sin apenas precedentes, estos tres movimientos se retroalimentaron entre sí. Su enfrentamiento triangular les dio una energía extra, una energía que quizá recuperarían el independentismo y Podemos si Vox acabara formando parte de un Gobierno de coalición de derechas.

También provocaron la polarización y un endurecimiento de la confrontación política al que contribuyeron los medios, las redes sociales y el mundo cultural. Pero, en todo caso, hicieron que durante diez años España fuera muy difícil de gobernar: que en ocasiones no fuera posible formar gobierno por falta de apoyos, o que este requiriera coaliciones inéditas en la tradición democrática reciente.

En muchos sentidos, eso ha acercado a España al resto de la política europea, dominada también por la volatilidad, el populismo y la necesidad de coaliciones de Gobierno difíciles o abiertamente contradictorias. No era el objetivo inicial de la democracia española al hablar de «europeizar» el país. Pero sí es la muestra de que, si el gran instinto político que dominó la política española durante décadas era alcanzar la normalidad mediante la preservación de la estabilidad, la década de los tres populismos acabó con ella. Aunque se restaure parcialmente la dinámica política previa, esta no volverá a ser la misma durante mucho tiempo: los tres populismos, en mayor o menor medida, seguirán condicionándola.

9

Radicalismo popular a la mexicana

Ricardo Raphael

Con el radicalismo popular no es la democracia la que está en riesgo sino la pluralidad democrática. Esa forma de radicalismo es compatible con el gobierno de las mayorías, pero no con la coexistencia pacífica y tolerante de las mayorías y las minorías. El movimiento encabezado por Andrés Manuel López Obrador es radical y es popular y por la misma desestima a las minorías al punto de equipararlas, todas, con expresiones elitistas. Ese es su principal defecto: su antipluralismo.

Para analizar con rigor este fenómeno de la historia contemporánea de México se necesita acudir a su origen, recorrer sus características y explorar sus alternativas. Este ensayo asume como punto de partida que el *lopezobradorismo* no es la causa sino la respuesta a una demanda política de cambio radical. En revancha, la oferta perfilada por este movimiento tomó un camino definido esencialmente por las ideas y la biografía de su fundador.

Aquí se exploran esas características propias del lopezobradorismo cuyo centro gravitacional lo constituye una disputa sin concesiones contra el elitismo cínico que gobernó México durante varias décadas. El lopezobradorismo se asume como una suerte de cura moral frente a una sociedad enferma de corrupción.

El lopezobradorismo es un movimiento que responde a una demanda política desesperada

Radical no significa 'extremo', mientras el radicalismo busca ir a la raíz, el extremismo político quiere movilizar hacia lo (ex)céntrico, es decir, hacia los bordes de la sociedad y su alternativa periférica.[1]

El lopezobradorsimo es un movimiento radical, pero no extremo. Nunca propuso un trastorno absoluto del orden previo, similar al de otros regímenes pretendidamente revolucionarios como el chavismo en Venezuela o el sandinismo en Nicaragua.

Se equivocan quienes acusan al movimiento encabezado por Andrés Manuel López Obrador de ser fascista[2,3] o bien soviético, totalitarista y otros absurdos como algunos de sus opositores políticos han querido señalar.[4]

El lopezobradorismo es una expresión que no es moderada, pero desaconseja el uso de la violencia como medio de transformación. Se trata de un movimiento político, de corte neopopular, próximo a otros que han venido expresándose en diversas coordenadas

[1] *Tratado para radicales. Manual para revolucionarios pragmáticos.* Saul D. Alinsky. 1971

[2] Mauricio Merino en entrevista radiofónica con Carlos Loret de Mola en W Radio del 11 de noviembre de 2022.

[3] «El gobierno de AMLO, ¿La nueva dictadura perfecta?». Anabel Hernandez. DW Opinión, octubre 2022. https://www.dw.com/es/el-gobierno-de-amlo-la-nueva-dictadura-perfecta/a-63374399

[4] «Propaganda electoral del PAN en 2018», https://publiko.mx/noticias/politica/respuesta-amlo-pan-comparan-lopez-obrador-con-dictadores-hitler-stalin/

del mundo. Dentro de esta veta contemporánea podrían agruparse manifestaciones tan disímbolas como Podemos en España, MAGA en Estados Unidos, Cinco Estrellas en Italia o el petrismo colombiano.

Los académicos italianos Marco Damiani y Lorenzo Viviani llaman a estas expresiones movimientos *hipermodernos* o, en términos de Peter Sloterdijk, movimientos *hiperpolíticos*. El principal denominador común de todos ellos es la politización de las bases sociales a partir de la inflamación del resentimiento contra la clase política tradicional. Ernesto Laclau, teórico argentino del populismo contemporáneo,[5] subraya como signo distintivo de estos movimientos la exaltación del clivaje entre el *establishment* y el pueblo.

Hacia finales de la primera década del presente siglo, poblaciones radicadas en lugares muy distintos del planeta comenzaron a reclamar de forma simultánea la fatiga de las instituciones para atender problemas sociales graves. Los partidos y los Congresos, la justicia y los medios de comunicación, las organizaciones sindicales y las élites intelectuales, entre tantos otros actores de la escena pública, perdieron vertiginosamente legitimidad porque dejaron de ser creíbles como instrumento de solución.

Es en este contexto global y mexicano donde surge el lopezobradorismo como respuesta a una prolongada insatisfacción. Hacia mayo de 2018 —un par de meses antes de la elección donde Andrés Manuel López Obrador obtuvo la presidencia— ocho de cada diez personas expresaban en los sondeos un rechazo definitivo al *statu quo* y el mismo porcentaje consideraba que el país estaba recorriendo un camino equivocado. Entonces, la inseguridad, la vulnerabilidad de la economía familiar y la corrupción eran las principales causas del malestar social.[6]

---

[5] *La razón populista*. Ernesto Laclau. FCE, 2012.
[6] Encuesta Nacional de Opinión Ciudadana realizada por GEA-ISA, mayo de 2018.

La sensación de desprotección tuvo fundamento: en la misma fecha, un tercio de los hogares mexicanos reportaba haber sido víctima de la violencia.[7] Al mismo tiempo, seis de cada diez hogares sufrían las consecuencias de la precarización de los puestos de trabajo[8] y poco más del 40 % de la gente resentía severas restricciones económicas derivadas de la pobreza.[9]

Lo anterior contrastaba con una creciente concentración del ingreso nacional que permitió al 10 % de las familias más ricas del país hacerse del 60 % de los activos nacionales.[10] También abonaron al malestar social los escándalos de corrupción ligados al tráfico de influencias, el financiamiento ilegal de campañas[11] y el enriquecimiento ilícito.[12] Previo a que se llevara a cabo el proceso electoral de 2018, solamente el 23 % de la población tenía confianza en el Poder Judicial, el 19 % en el Poder Legislativo, el 19 % en la policía, el 16 % en el Gobierno y únicamente el 11 % en los partidos.[13]

En resumen, igual que venía sucediendo en muchos otros países, México perdió paciencia respecto a la política tradicional, porque ni el Estado ni sus instituciones estaban probando ser útiles. Fue este escenario el que alimentó los ánimos radicalizantes. De entre todos los problemas, el principal fue la incapacidad reiterada del Estado

---

[7] Encuesta Nacional de Victimización y Percepción sobre Seguridad Pública (ENVIPE) 2018.

[8] «6 de cada 10 trabajadores son informales y generan el 22.7 % del PIB de México». Ana Karen García. *El Economista*, 17 de diciembre 2018. https://www.eleconomista.com.mx/empresas/6-de-cada-10-trabajadores-son-informales-y-generan-el-22.7-del-PIB-de-Mexico-20181217-0053.html

[9] «10 años de medición de pobreza en México, avances y retos en política social. Consejo Nacional de Evaluacion de la Politica de Desarrollo Social (Coneval)». Agosto, 2019. https://www.coneval.org.mx/SalaPrensa/Comunicadosprensa/Documents/2019/COMUNICADO_10_MEDICION_POBREZA_2008_2018.pdf

[10] «Desigualdad extrema en México». Esquivel Hernández. Oxfam México, 2015. https://oxfammexico.org/wp-content/uploads/2017/04/desigualdadextrema_informe.pdf

[11] Ver *El caso viuda negra*. Arturo del Ángel, Manu Ureste, Zedryk Raziel. Grijalbo, 2022.

[12] Ver *Lozoya, el Traidor*. Mario Maldonado. Editorial Planeta, 2022.

[13] Encuesta Nacional de Opinión Ciudadana realizada por GEA-ISA, mayo de 2018.

mexicano para pacificar un conflicto armado interno entre las instituciones «democráticas» y una lista amplia de empresas criminales dedicadas a la producción y comercio ilegal de estupefacientes, la trata de personas, el secuestro, la extorsión y la explotación ilegal de los recursos naturales.

Entre 2008 y 2018, como resultado de este conflicto armado, desaparecieron más de 75 000 y perdieron la vida alrededor de 200 000 personas.[14] Acompañaba a esta tragedia la creencia de que, entre las principales causas de la violencia, estaba la complicidad entre las autoridades y los líderes de las empresas delictivas. Así se explicaría la impunidad persistente a la hora de perseguir no a los capos del narcotráfico mitificados, sino a quienes —desde el poder legal— les hicieron crecer en poder y riqueza.[15]

Como fuente de indignación también pesó la injusta desigualdad que colocaría en las manos de unos cuantos el esfuerzo de una economía donde participan millones. La exclusión ha sido históricamente un lastre mexicano, pero después de la crisis global de los años 2008 y 2009 se politizó con fuerza contra el elitismo practicado por las instituciones para abordar las consecuencias de un cierre social que había apartado a una mayoría de la salud, la educación, la jubilación digna, el crédito, la justicia o las plazas laborales mejor pagadas, entre tantas otras prerrogativas relacionadas con la dignidad humana.

Hay épocas en la historia de la humanidad en que las élites experimentan pudor frente a sus privilegios,[16] pero también las hay

---

[14] «¿Cómo mantener la libertad de prensa en México, donde hay un conflicto armado interno?», Ricardo Raphael. *The Washington Post*, 11 de enero de 2023, https://www.washingtonpost.com/es/post-opinion/2023/01/11/periodistas-asesinados-mexico-amlo-narco/

[15] Ver *¿Qué querían que hiciera?*. Luis Astorga. Grijalbo, 2015 y *Los millonarios de la guerra*. Peniley Ramírez. Grijalbo, 2020.

[16] Ver *The Embarrassment of Riches*. Simon Schama. Vintage, 1987.

donde, con descaro, la ostentación de la riqueza se restriega sobre el rostro de las personas desposeídas.[17]

La segunda década del siglo XXI mexicano nada tuvo que ver con el pudor de la élite: la corrupción y la impunidad, así como la desigualdad y el privilegio fueron todas fracturas expuestas que profundizaron la ira social. Sumó presión que la riqueza presumida proviniera de sujetos dedicados a hacer negocios con funcionarios corruptos del Gobierno.

También se añadió como ingrediente la sensación de una dinámica global arbitraria e injusta cuyas consecuencias económicas crecieron el patrimonio de quienes obtienen sus rentas del capital, mientras se redujeron drásticamente los ingresos de las personas que viven de su salario.[18]

En resumen, la fatiga respecto a las instituciones incapaces, la exclusión económica y social, el elitismo como ideología justificadora del privilegio, la corrupción cotidiana y desvergonzada y la globalización injusta fueron las causas de un viraje exigido por la sociedad mexicana antes de que el liderazgo de Andrés Manuel López Obrador triunfara en los comicios de 2018.

Una mirada rigurosa sobre el estado de ánimo prelopezobradorista permite distinguir un crecimiento velozmente cancerígeno de la desconfianza en amplios sectores. Desconfianza, ya se dijo, hacia el Estado, la clase política, la academia y sus intelectuales, la burocracia y sus profesionales, los partidos y los puestos de elección popular, los empresarios y el capital.

Frente a las explicaciones grandilocuentes y las convicciones expresadas a través de los discursos tradicionales, la sociedad mexicana prefirió confiar en una propuesta sobrecargada de sentido común.

---

[17] Ver *Mirreynato*. Ricardo Raphael. Temas de Hoy, 2014.
[18] Ver *El capital en el siglo XXI*. Thomas Piketty. FCE, 2014.

Para romper la inercia de la desconfianza, el lopezobradorismo propuso una recomposición del trayecto civilizatorio de México desviado, presuntamente, por el neoliberalismo. Prometió en revancha una vuelta al núcleo básico —a la raíz— de las aspiraciones de la gente común, no solo del presente, sino de quienes en otras épocas imaginaron a la Nación.[19]

Este movimiento pretendería «curar» una supuesta trayectoria «discontinua» del país. Todavía más, el discurso lopezobradorista plantea una transformación comparable con aquellas emprendidas después de las guerras de Independencia (1810-1921), de Intervención (1862-1867) y de la revolución social mexicana (1910-1917). Pero, a diferencia de esas otras gestas históricas, este movimiento asegura que logrará «la Cuarta Transformación» del régimen político mexicano sin recurrir a la violencia.

La oferta radical del movimiento lopezobradorista

La demanda mayoritaria a favor de dejar atrás el *statu quo* combinó bien con una oferta de cambio radical encabezada por el lopezobradorismo. A pesar de que, en un principio, propuso reconciliar a un México fragmentado, una vez que Andrés Manuel López Obrador se hizo con la presidencia del país optó por ampliar la polaridad de la sociedad para galvanizar a la mayoría social que le llevó al poder.

Si bien las circunstancias que pronunciaron la demanda de cambio en México son semejantes a las experimentadas en otras naciones, cada oferta neopopular tiene características endémicas. El movimiento lopezobradorista, como cualquier otro de su tipo, no podría explicarse fuera de su país de origen. La Cuarta Transformación ha echado

---

[19] *Hacia una economía moral*. Andrés Manuel López Obrador. Planeta, 2019.

mano de estrategias muy eficaces para movilizar voluntades alrededor de objetos políticos que definen y obligan a definirse.

Hace más de veinte años Andrés Manuel López Obrador consiguió ganar la jefatura del Gobierno de Ciudad de México, entre otras razones, gracias a que presentó una plataforma nítida y distinguible. Entonces, como ahora, insistía con que, para enfrentar la confusión de las mayorías, la oferta política necesitaba de definiciones precisas, sobre todo frente a los temas eludidos por sus adversarios. Martí Batres, cofundador de su movimiento, afirma en entrevista que la clave del lopezobradorismo ha sido «reivindicar el universo social excluido del desarrollo».[20] En términos discursivos esta ambición se tradujo en un lema muy efectivo de campaña: «Por el bien de todos, primero los pobres».

«En política hay que representar algo distinto porque de lo contrario no existes», refiere Batres en la misma entrevista, recordando la prédica que desde hace veinte años repite su líder: «si representas lo mismo que las otras fuerzas políticas, lo único que haces es acentuar la fuerza de tus adversarios y profundizar su dominio político e ideológico».

La radicalización de esta propuesta atraviesa la avenida de las razones, pero sobre todo apela a las emociones de la persona. El lopezobradorismo es una expresión política emocional para una época que privilegia la inteligencia de los sentidos sobre cualquier otra inteligencia. Probablemente, en una época más neuronal —globalmente hablando— una personalidad política como la de López Obrador no despertaría tanto entusiasmo.

Sin embargo, la incertidumbre y la amenaza de exclusión potencian la sensación de fragilidad que, a su vez, hace a los seres humanos

---

[20] Entrevista con Martí Batres realizada por Ricardo Raphael y Guadalupe Correa en 2021. Sin publicar.

más receptivos respecto de los incentivos emocionales. Se suma la creencia de que los sentimientos, a diferencia de las razones, no engañan. Con ellos el mapa político se simplifica: o bien se admira o bien se detesta al lopezobradorismo, sin dudas ni dobleces. Puede hablarse aquí de una política de las emociones cuya eficacia para consolidar aceptación y, a la vez, tomar distancia de los contrarios, se hace cotidianamente patente.

En este terreno, el lopezobradorismo ha ganado mucho. A diferencia de sus adversarios, se presenta como quien tiene el monopolio del corazón. En cambio, sus opositores se han situado del lado de la política cerebral. Argumentan, sin cansarse de no convencer, a pesar de que en esta era de la hiperpolítica —caracterizada por la exaltación de las expresiones— la moderación sirve de poco a la hora de competir por el poder.

El movimiento encabezado por el presidente mexicano es también capaz de ofrecer un sentido de pertenencia para las personas que se identifican con él. Aquí aparece uno de sus signos paradójicos: mientras quienes le enfrentan lo describen como una fuerza depredadora, las personas que se suman a su movimiento se reconocen con un fervor casi religioso como parte de una misma comunidad moral.

Así como el elitismo puede ser considerado una ideología que justifica merecimientos y privilegios para las personas que se benefician de él, el lopezobradorismo defiende sus propias pretensiones: es una ideología que también sirve para orientar creencias y actuación política.

Vale aquí traer otra vez a cuento la reflexión de Ernesto Laclau, quien advierte que, los conceptos de «pueblo» y «élite» son categorías vacías hasta que la retórica les entrega «una investidura radical».[21] En esta hebra de ideas puede afirmarse que el lopezobradorismo es

---

[21] *La razón populista*. Ernesto Laclau. FCE, 2012.

una ideología que exalta los valores del pueblo y que ocurre como revancha a la exaltación de la ideología contraria, el elitismo que, en México, durante demasiado tiempo, exaltó, desde el Estado, los valores de la élite.

Cada vez que Andrés Manuel López Obrador habla de «neoliberalismo», se refiere a esta ideología antagónica. El neoliberalismo, para el presidente, no tiene que ver con políticas derivadas del llamado consenso de Washington, ni tampoco con una concepción del ser humano a partir de sus atributos económicos, sino con la ideología de una élite que no es capaz de considerar los dolores de la sociedad en que está parada.

A diferencia de las ideologías más consolidadas como el marxismo, el capitalismo, el maoísmo o el darwinismo social, las que dominan la era de la hiperpolítica no pretenden responder a todas las preguntas, ni prefiguran un Estado, un gobierno, una sociedad o un sujeto con contornos precisos. El lopezobradorismo, como otras expresiones de la hiperpolítica, se define, más que a partir de la coherencia de las ideas, en función de objetos retóricos.

No importa cuántas veces haya hecho López Obrador llamados a la moral y la ética, la justicia o la honestidad, en la realidad se es o no lopezobradorista a partir de una serie de definiciones respecto de objetos discursivos colocados con habilidad en la escena pública.

Objetos que son ciertamente irrelevantes fuera del contexto mexicano y que sin embargo dentro del país agitan poderosamente los ánimos. Destacan entre ellos, por ejemplo, la cancelación de un aeropuerto internacional cuya construcción había avanzado considerablemente y era obra del gobierno anterior. Se trató del Nuevo Aeropuerto Internacional de la Ciudad de México (NAICM), que López Obrador, por considerarlo fastuoso y atravesado por la corrupción, canceló mediante un plebiscito organizado sin ninguna formalidad, antes inclusive de tomar posesión como presidente.

Este primer objeto político obligó a los aliados del movimiento a hacer campaña nacional para conseguir su supresión, pero aún más interesante, hizo que los detractores se manifestaran también con énfasis para oponerse al cierre de una obra que, de su lado, consideraban emblemática para la integración mexicana a la economía global.

Luego vinieron otros objetos como la venta del avión presidencial, la edificación del aeropuerto alternativo nombrado según el general revolucionario Felipe Ángeles, la creación de la Guardia Nacional —un cuerpo policíaco de seguridad que López Obrador promueve como una extensión de las Fuerzas Armadas—, la construcción del Tren Maya en el sureste del país, la demolición del Instituto Nacional Electoral o una reforma eléctrica que quiere devolver centralidad al organismo público de la Comisión Federal de Electricidad.

Cada uno de estos objetos retóricos le han permitido al lopezobradorismo consolidar su base social. Se trata, en buena medida, de pretextos políticos para mantener activos los bastiones del movimiento. No es exagerado calificar como fetichista la relación que las personas llegan a sostener con estos objetos. Hay que aclarar que ese fetichismo no conoce bandos. Una vez que el lopezobradorismo echa a andar la maquinaria para la devoción de tales objetos, sus adversarios se despliegan —en igual proporción y medida— para rechazarlos, como todo lo que provenga de su gobierno.

En efecto, estos objetos políticos, lo mismo sirven para cohesionar al lopezobradorismo que para espuelear a los adversarios del movimiento. Sin embargo, el resultado ha sido, hasta ahora, tendencialmente favorable para los primeros. De acuerdo con las encuestas, López Obrador sostiene una aceptación que supera el 56 % de opiniones positivas,[22] percepción que en 2021 lo llevó a casi empatar

---

[22] «Paso a pasito: AMLO llega a 2023 con 56 % de aprobación», *El Financiero*, 3 de enero de 2023, https://www.elfinanciero.com.mx/nacional/2023/01/03/paso-a-pasito-amlo-llega-a-2023-con-56-de-aprobacion-ciudadana-segun-encuesta-ef/

con Narendra Modi, primer ministro de la India, como uno de los dos líderes más populares del mundo.[23]

El lopezobradorismo ha conseguido crecer en popularidad porque asumió como propio el rechazo contra esa parte de la élite que solía ostentarse con gran frivolidad. También supo dotar de significado las pulsiones del resentimiento que anidaban con fuerza dentro de distintos sectores; animosidad contra las élites económicas, pero también contra la alta burocracia cuyos salarios llegaron a superar ampliamente los ingresos promedio de las familias mexicanas.

Con el mismo éxito marcó distancia respecto a la clase política que gobernó México previo a la llegada al poder de su movimiento, así como respecto de la élite global que, a través de organismos internacionales y organizaciones de la sociedad, participa en la definición del rumbo general del planeta.

Indiscriminadamente, para el lopezobradorismo todo lo que sea ajeno a su movimiento es calificado como perteneciente al *statu quo* previo, es decir, al estamento que su líder califica como conservador. López Obrador suele recurrir a la historia mexicana del siglo XIX, lastrada por la lucha feroz entre fracciones liberales y conservadoras, para explicar con términos sencillos su disputa por la nación. Sin embargo, el rigor de sus referencias no es histórico sino político.

Además del antineoliberalismo y la política del resentimiento, también han sido argumentos movilizadores a favor de su causa el uso de mecanismos de democracia directa. Como otras expresiones de la hiperpolítica contemporánea, el lopezobradorismo desprecia los cuerpos de agregación social que no estén afiliados a su movimiento.

Predica por eliminar cualquier distancia entre el poder y el pueblo y bajo esta lógica los cuerpos intermediarios, tales como las organizaciones de la sociedad, los centros o institutos dedicados a

---

[23] Global Leader Approval. Morning Consulting, julio de 2021.

reflexionar sobre los temas públicos, los medios de comunicación, las universidades, los partidos, el periodismo profesional y ese largo etcétera de vehículos comunes en democracia para hacer avanzar la demanda ciudadana son ahora vistos con desconfianza y descalificados por el lopezobradorismo.

En su lugar, prefiere privilegiar la democracia directa, las consultas populares, los referendos y el plebiscito. La misma lógica corre para la entrega de los apoyos populares cubiertos con el gasto social del Estado. En la filosofía general del lopezobradorismo, mientras menos eslabones haya entre la cabeza del Gobierno y las personas gobernadas, habrá mayor democracia.

Así explica, en parte, el achicamiento del Estado y sus instituciones. Esta iniciativa ha sido bien recibida por una mayoría gobernada que mira con recelo la pretendida corrupción y la burocracia. La austeridad en el gasto y la eliminación de dependencias gubernamentales son dos objetivos que le han dado réditos a López Obrador quien explica esta política con otra frase retóricamente atractiva: «no puede haber Gobierno rico con pueblo pobre».

No importa, por ahora, si con estas medidas se mutila la capacidad del Estado para atender responsabilidades tan sustanciales como la salud o la educación. Tampoco si se extravían recursos técnicos y humanos valiosos; mientras haya una mayoría social que respalde al mandatario, tales medidas de jibarización estatal continuarán vigentes.

El lopezobradorismo defiende la noción de «pueblo» como un cuerpo homogéneo. En palabras nuevamente de Laclau: «cuando todo es caos y fragmentación surge la fantasía de un pueblo unificado».[24] Dentro de ese pueblo no hay matices, particularidades, críticas ni autocríticas.

---

[24] *La razón populista*. Ernesto Laclau, FCE, 2012.

En el lopezobradorismo la categoría «pueblo» no incorpora solamente a los primeros pisos de la construcción social. Como otros movimientos de tipo neopopular cuenta con un contingente donde distintas clases e identidades se reconocen bajo una misma unidad. Así, lo popular no solamente incluye a quienes padecen vulnerabilidad económica, sino a un amplísimo y multiclasista «nosotros».

El concepto de «pueblo» según el líder de este movimiento, es sinónimo de las personas que abrazan el lopezobradorismo. En esta definición no hay fractura: el pueblo no puede sino estar con él o no sería pueblo. Oponerse a López Obrador es oponerse al pueblo, y viceversa. Esta simbiosis le ha permitido al líder de este movimiento colocarse por encima de los poderes legislativo y judicial cuando disienten de él las personas representantes populares o quienes administran justicia desde los tribunales.

El pueblo es él y el pueblo legisla y juzga a través suyo. El recinto donde todo esto ocurre es el Palacio Nacional, donde López Obrador construye y destruye reputaciones —con un tono rara vez exento de arrogancia moral— en función de la proximidad o la lejanía con las voluntas que él personifica.

En un principio, el lopezobradorismo tuvo como base social a sectores populares de la Ciudad de México y de algunos municipios colindantes del valle donde está asentada la capital del país. También logró penetrar en el sur y en el sureste del país, sobre todo en las zonas rurales donde habitan grupos originarios.

Sin embargo, con el paso del tiempo se amplió la presencia de este movimiento en el centro y el norte del país, incluyendo poblacionales que previamente valoraban con desconfianza a este líder político. La incorporación de dirigentes otrora pertenecientes a partidos distintos al suyo ayudó para volver auténticamente nacional al lopezobradorismo.

También incluyó en su coalición personas de muy diversos orígenes sociales. El nivel socioeconómico no determina la participación en el lopezobradorismo, tampoco el sexo o la edad. Una sola variable sociológica podría predecir, en sentido inverso, al antilopezobradorismo: el nivel educativo. En efecto, según los sondeos de opinión, a mayor escolaridad, mayor rechazo a ese movimiento.

Las fortunas más importantes del país sostienen una relación fluida de confianza con López Obrador. Con frecuencia concede a sus propietarios el título de amigo y se deja ver con ellos en público para que no quepa duda sobre su cercanía. En estricto sentido, López Obrador no tiene problemas con la alta burguesía sino con la pequeña burguesía. Una escucha atenta a su retórica permite constatar que, cuando habla contra los conservadores o neoliberales, López Obrador se refiere en realidad a la clase media que no acompaña su proyecto político.

Andrés Manuel López Obrador, como líder de este movimiento neopopular, arbitra eficazmente las contradicciones. Un buen ejemplo de estas contradicciones puede observarse en el desencuentro entre los movimientos feministas que habitan dentro del lopezobradorismo —los cuales promueven, por ejemplo, la autonomía de las mujeres para decidir sobre su cuerpo— y los grupos del evangelismo cristiano que son mayoritariamente provida y repudian como pecado el aborto. Es obvio que, en ausencia de Andrés Manuel López Obrador, estos dos contingentes no podrían coexistir, pero su persona atempera a ratos la importancia de las diferencias.

Un aspecto muy interesante de este movimiento son los mecanismos a través de los cuales el líder se comunica con sus bases. Merece particular atención la conferencia que López Obrador entrega todas las mañanas, de lunes a viernes, ante representantes de la prensa. Estos ejercicios llegan a durar entre dos y tres horas, y si bien están diseñados para dar información sobre las responsabilidades de Gobierno, su principal objetivo es otorgarle frecuencia y volumen a la retórica lopezobradorista. Se trata de un ejercicio de comunicación donde alrededor del 10 % es rendición de cuentas y el 90 % restante es polémica polarizante y confrontacional.

La eficacia de este esfuerzo radica en que las mayorías que valoran con entusiasmo la gestión de Andrés Manuel López Obrador pueden escuchar, pretendidamente sin mediaciones, lo que dice el presidente y otros voceros del movimiento.

El discurso pronunciado cotidianamente desde Palacio Nacional no es el único vehículo para conectar la voz de la alta política con la escucha en el territorio. Complementan esta misión otras vías que igual sirven para intervenir el cuerpo social. Así como en ciertas regiones del país grupos numerosos de la Iglesia evangélica y otras expresiones cristianas se convirtieron en promotores de su proyecto de transformación, diversas entidades sociales han desempeñado con eficacia funciones similares.

Uno de esos vehículos, desde que López Obrador fuera gobernante de la Ciudad de México (2000-2006), son los adultos mayores. El apoyo económico que recibe este sector de la población —el cual ha ido incrementándose en padrón y monto durante su administración presidencial— ha convertido a muchas de las personas beneficiarias en abanderadas del movimiento.

Otro transporte de las consignas de este movimiento lo integran los 25 000 servidores públicos reclutados, muchos de ellos, como promotores del voto para las elecciones del 2018 y después empleados con recursos gubernamentales para levantar el padrón de las personas beneficiarias de los programas sociales y también para entregar, a nombre del líder del movimiento, apoyos para estudiantes, jóvenes sin empleo, madres solteras, personas con discapacidad, entre otros grupos favorecidos.

A estos funcionarios se les conoce como «servidores de la nación» y son un ejército civil bien implantado en el territorio a la hora de defender los argumentos políticos del lopezobradorismo y, si es necesario, desvirtuar las razones de la oposición. Estas mismas personas influyen en la opinión pública gracias a que, en su mayoría, participan a través de las redes sociales haciendo proselitismo a favor del presidente y sus políticas.

Un cuerpo social menos observado y que sin embargo representa una poderosa correa de transmisión es la tropa militar. Si bien la estrecha relación de López Obrador con las Fuerzas Armadas no es tema de este análisis, sí lo es la complicidad política y también económica entre ese estamento y el lopezobradorismo.

Por último, está el partido Morena, que en estricto sentido no es aún un partido institucionalizado y capaz de sobrevivir la ausencia de su fundador, sino una extensión del movimiento cuya misión es hacer ganar elecciones a los dirigentes del lopezobradorismo.

En resumen, esta fuerza social y política, de corte neopopular ha logrado crecer en presencia y número de simpatizantes gracias a un liderazgo unipersonal cuya retórica, a partir de objetos políticos, mantiene cohesionados a grupos extensos de personas, independientemente de las contradicciones que surjan entre ellos gracias al arbitraje de la cabeza del movimiento.

La extensión sobre el territorio nacional del lopezobradorismo ocurre a partir de una serie de vehículos entre los que se cuentan los Servidores de la Nación, las personas beneficiarias de los programas sociales, el estamento militar y el aparato partidista agrupado alrededor del partido Morena.

Radicalismo popular, elitismo cínico y pluralismo democrático

El carácter de la época se presta para que, aun sin López Obrador, las premisas principales del lopezobradorismo permanezcan. No se antoja de plano posible imaginar un retorno al *statu quo* previo. La vuelta atrás hacia un arreglo institucional que proteja privilegios y sostenga una visión aristocratizante del poder no tendría ninguna legitimidad. Ni siquiera el fracaso de la Cuarta Transformación permitiría resbalar hacia atrás.

Cabe que el futuro mexicano sea distinto al presente, pero ciertamente también lo será respecto de lo que había antes. Para una mayoría el lopezobradorismo no significa una ruptura con la democracia, sino un correctivo indispensable para sacar a la democracia de la mediocridad en la que se encontraba; para igualar ante la ley y el Estado a quienes, por privilegio o desposesión, se ubican en circunstancia asimétrica.

El lopezobradorismo no es la causa sino el efecto de la dislocación de una hegemonía fracasada. En palabras de la filósofa belga Chantal Mouffe[25] (2020), los fallos de la democracia liberal solo pueden ser resueltos por la democracia radical. Esto no quiere decir que el radicalismo esté exento de problemas, todo lo contrario, la obsesión de la política radical es justamente problematizar.

La crisis del paradigma de la democracia liberal podría describirse a partir de una metáfora propuesta con lucidez por el catedrático alemán Peter Sloterdijk en su libro *En el mismo barco*: «un crónico y masivo accidente de automóviles, en cadena, en una autopista envuelta en niebla».

Para salir del atolladero, sin abandonar la carretera de la democracia, se justificarían ciertas decisiones drásticas, propias del radicalismo que busca desazolvar lo político además de interesar de nuevo a las personas en los asuntos del poder.

El lado B de la propuesta radical, sin embargo, hace que se pierdan los matices y la perspectiva de las cosas ya que simplifica discur-

---

[25] *El retorno de lo político.* Chantal Mouffe. Paidós, 2020.

sivamente temas que son siempre complejos. En efecto, el error del radicalismo es su ceguera frente a los matices, las gradaciones y, sobre todo, es antagonista de la pluralidad.[26]

La política radical no tiene capacidad para ponderar cada tema por sus méritos. Forzosamente mira las cosas a partir de referentes binarios, lo cual, no pocas veces, conduce a caricaturizar los problemas en vez de solucionarlos.

A este respecto, el movimiento lopezobradorista es predecible. Si su objetivo es la disputa por la nación, término acuñado en los años ochenta por los economistas Rolando Cordera y Carlos Tello,[27] en dicha batalla no cabe que dos bandos involucrados salgan simultáneamente triunfadores. En consecuencia, las partes actúan dando por sentado que, en cada ritual político, en cada decisión o comicio electoral se juega todo.

De ahí la enemistad definitiva con el adversario, también la mutua y furiosa estigmatización.

En este contexto, no sorprende que el lopezobradorismo sea un movimiento político que acude con frecuencia a la teoría de la conspiración para explicar las adversidades. Entre sus integrantes es dado pensar que mientras en el movimiento milita solo gente buena, los adversarios que critican o se oponen son necesariamente corruptos.

En un escenario de disputa, el recurso a la estigmatización es intensamente recíproco. Esa es justo la niebla a la que hace referencia Sloterdijk, la que impide viajar en el mismo barco: los prejuicios que desprecian a los juicios, las creencias que restan valor a la evidencia, la superioridad moral obsesionada con mirar por encima del hombro propio.

---

[26] Ver *Populocracy: The Tyranny of Authenticity and the Rise of Populism*. Catherine Fieschi. Agenda Publishing, 2019.

[27] *La disputa por la Nación*. Rolando Cordera y Carlos Tello. Siglo XXI Editores, 1981.

El problema de la disputa por la nación es que termina considerando a cualquier opositor como moralmente irredimible y a las instituciones diseñadas para armonizar la pluralidad social como trampas impuestas por la élite corrupta para derrotar al pueblo "bueno".

Es en esta coordenada analítica que el lopezobradorismo se convierte en un movimiento antiinstitucional. En palabras de los politólogos Cas Mudde y Cristóbal Rovira[28] (2019) el ímpetu antielitista avanza junto con la crítica a las instituciones, tales como los partidos políticos, las organizaciones, la burocracia y todo aquello que se atente contra el vínculo entre el líder y la gente que le sigue.

La premisa de Chantal Mouffe respecto a la democracia radical como cura para las enfermedades de la democracia liberal encuentra aquí su principal contradicción. ¿Cuánto tiempo puede soportar una sociedad gobernada por la polarización y el conflicto? O, más precisamente, ¿puede un Gobierno democrático resolver problemas graves de la sociedad en un ambiente eterno de crispación?

Cabe coincidir con que la medicina radical ayuda a corregir los excesos aristocratizantes de la democracia liberal, siempre y cuando en vez de tratarse de un remedio temporal no se convierta en una espiral infinita. De lo contrario, así como la gente se habría fatigado de las falencias del *statu quo* previo, tenderá a hacerlo, velozmente, respecto del nuevo.

El problema del estado permanente de crisis es que densifica la niebla al tiempo que impide remolcar los vehículos accidentados para recuperar la circulación de la carretera democrática. Puesto en términos más precisos, las sociedades que sufren una circunstancia prolongada de choque entre radicalismo y el elitismo son inviables.

---

[28] *Populismo, una breve introducción.* Cas Mudde y Cristóbal Rovira. Alianza ed, 2019.

Este argumento adelanta el razonamiento final de este ensayo. Entre el radicalismo popular y el elitismo cínico hay una alternativa: el pluralismo democrático.

Mientras la política siga siendo valorada como un lugar caótico, corrupto y fragmentado, mientras la violencia y la impunidad continúen reinando, mientras el elitismo sea ciego a las causas populares y las instituciones no sirvan para resolver las principales preocupaciones de la gente, el lopezobradorismo —aunque mutara de nombre— seguirá influyendo en la política mexicana.

Por ello cabe suponer que, en la medida en que la desigualdad fuese atemperada y la satisfacción con las tareas del Estado recuperase salud, la polarización contaría con menos adeptos, lo mismo que el entusiasmo por el cambio radical. Esto querría decir que la solución de la crisis que encumbró al lopezobradorismo es al mismo tiempo el punto de inflexión para su dominancia en la política mexicana. En efecto, de su éxito dependería su caída.

10

El populismo intrascendente:
el extraño caso de Pedro Castillo

Alberto Vergara

Es difícil imaginar un populista fracasado. En cuanto se menciona la palabra, pensamos en Perón y Getulio Vargas, en Velasco Alvarado y Lázaro Cárdenas, en Hugo Chávez y Evo Morales, líderes descomunales que trazaron un antes y un después en la historia de sus países. Sus partidarios aseguran que encabezaron procesos de incorporación, transformación o inclusión, mientras sus detractores subrayan la manera en que erosionaron —o, de plano, liquidaron— sus democracias al atacar las garantías individuales, la división de poderes o la libertad de prensa. Pero, al margen de las preferencias de cada quien, el populismo en América Latina remite casi por reflejo a proyectos políticos que marcaron a fuego sus respectivos países.

En este capítulo me centro en el populismo de Pedro Castillo, el presidente peruano, quien encarna una forma contraintuitiva del populismo: el populismo intrascendente. No se trata simplemente de un populismo frustrado, como hubo tantos y por diversas razones en la región —pensemos en Víctor Raúl Haya de la Torre y el APRA en el Perú; Velasco Ibarra, Abdalá Bucaram y Lucio Gutiérrez en

Ecuador; Collor de Mello en Brasil o Manuel Zelaya en Honduras. El de Castillo pertenece a otro costal.

Como candidato y mandatario, utilizó las estrategias populistas típicas, pero la mediocridad política e intelectual, junto a una corrupción ramplona, le impidió conseguir los propósitos tradicionales del populismo latinoamericano de izquierda: ni construyó una identidad política fuerte que divida al país (el castillismo), ni encarriló el país hacia el reemplazo de la Constitución de 1993, la medida concreta que encarnaría mejor la retórica y promesa general de cambio con la que llegó al poder. Así, impopular y estéril, Castillo encarna el extraño síndrome del populismo intrascendente.

El populismo en dos pasos

El *populismo* es un término curioso. En ciencia política es uno de los conceptos cuya definición genera menos consenso —comparado, por ejemplo, con Estado, democracia o ciudadanía— y, sin embargo, es uno de los más utilizados. El principal consenso sobre la definición del populismo es que no hay consenso. No pretendo aquí, entonces, entrar en los debates sobre las distintas aproximaciones teóricas al fenómeno, sino brindar una descripción de ciertas características que encontramos con recurrencia en los trabajos sobre el populismo. Dividiré estas características en dos bloques.

Primero, uno que podríamos llamar «la puesta en escena del populismo», en el cual encontramos ciertas ideas, retórica y un estilo. Y, el segundo, es la «institucionalización del populismo», un momento en el cual se va más allá de la «puesta en escena» y, atravesando el alambique de la economía política, consigue reconfigurar de manera inobjetable la vida política de sus países.

Pensemos en Hugo Chávez, por ejemplo. Como candidato y en los primeros años de presidente despliega un arsenal de fuegos artificiales populistas. Es el período de encandilamiento. Pero la estabilización del régimen populista se debió menos a los sortilegios retóricos y afectivos que a la construcción audaz de un nuevo orden político y constitucional. Se crearon coaliciones, infinidad de nuevas organizaciones de «sociedad civil», se arrinconó a la oposición, se alteró definitivamente el balance de poderes en el país y una cascada de petrodólares fue clave para reconfigurar el tablero político venezolano. O sea, la puesta en escena del populismo puede ser distinguida de la «rutinización del populismo» o de su «sostenibilidad en el tiempo».[1]

Pero vayamos por partes. Comencemos con los elementos que dan forma a la puesta en escena del populismo. En primer lugar, encontramos una retórica que divide a la ciudadanía; una división que superpone lo político, social, económico y moral: nosotros somos el pueblo virtuoso y limpio y aquellos son las élites corrompidas y egoístas. El adversario aparece como una inaceptable mezcla de rico, inmoral y *quasi* extranjero (o seminacional). Recordemos a Donald Trump diciéndole a cuatro diputadas norteamericanas de origen familiar extranjero que se regresaran a su país. Para el populista *mi* pueblo es el «puro y auténtico» y no hay espacio para otro.[2]

Además de este discurso, muchos autores enfatizan que el populismo no se comprende sin un líder fuerte y muchas veces carismático que domina la política y construye vínculos especiales con la población.[3] Como afirmó en algún momento la académica Chantal

---

[1] La idea de «rutinización del populismo» viene de Knight, Alan, «Populism and Neo-Populism in Latin America, Especially México», en *Journal of Latin American Studies*, vol. 30, núm. 2, mayo 1998; «sostenibilidad del populismo» proviene del artículo Barrenechea, Rodrigo, y Jason Seawright. «Populism and the Politics of Identity Formation in South America». En (eds.) Steve Levitsky, Deborah Yashar y Diana Kapiszewsk. *The Inclusionary Turn in Latin American Democracies*. Cambridge University Press, 2021.

[2] Mudde, Cas. «An ideational approach». *The Oxford handbook of populism* (2017): 27-47.

[3] Weyland, Kurt. «Clarifying a contested concept: Populism in the study of Latin American politics». *Comparative politics* (2001): 1-22.

Mouffe, teórica y entusiasta del populismo, «no puede haber momento populista sin líder, es evidente».[4] El gran personaje de la política, entonces, no es ni el ciudadano, ni la ciudadanía, ni los partidos, ni los movimientos sociales: es el líder. Un líder que debe construir su equivalencia con el pueblo. «Yo no soy un hombre, soy un pueblo», afirmó Jorge Elíecer Gaitán, el gran líder colombiano, en una de las frases más perfectamente populistas. Más que representar al pueblo, asegura encarnarlo.

Para llevarlo a cabo hace falta un tercer elemento: el líder y sus encuentros con la gente tienen sabor y olor a pueblo. Por eso el historiador Alan Knight enfatiza que el populismo es un estilo y no una ideología.[5] Se trata de una genuina presencia popular. Desde los corsos de samba rodeando a Getulio Vargas hasta la irrupción de los «descamisados» que dan nacimiento al peronismo en la plaza de mayo en 1945 («mis grasitas», les dirá Evita), el pueblo y sus manifestaciones culturales forman parte esencial de la puesta en escena populista.

Otro ejemplo: en un debate presidencial ecuatoriano, un circunspecto candidato prometió comida, casa y trabajo; cuando intervino el populista Abdalá Bucaram, este afirmó que si su oponente ofrecía comida, casa y trabajo, pues él daría «jama, caleta y camello», que significaba exactamente lo mismo, ¡pero en jerga![6] Un estilo, más que una ideología.

Finalmente, el populista *incontournable* suele ser un animal mediático, imparable e imbatible frente a una cámara o con un micrófono. Después de todo, la época dorada del populismo estuvo asociada

---

4 Citado en Rosanvallon, Pierre. *Le siècle du populisme. Histoire, théorie, critique.* (Seuil, 2020), p. 51.
5 Knight 1998, *op. cit.*
6 Ver Freidenberg, Flavia. «Jama, caleta y camello». *Las estrategias de Abdalá Bucaram y el PRE para ganar elecciones.* Quito: Corporación Editora Nacional (2007) .

a la emergencia de la radio y luego los populistas sacaron provecho de la televisión. Hugo Chávez y Rafael Correa, por ejemplo, eran unos verdaderos prodigios mediáticos, capaces de divertir, emocionar y hasta recitar o cantar si hacía falta.

Estos días *Las mañaneras* de Andrés Manuel López Obrador en México reproducen el fenómeno (aun con un ritmo pausado que uno presumiría destinado al fracaso en nuestros tiempos acelerados). Y tal vez nadie fue tan consciente de su papel como político, presidente y *entertainer* que Donald Trump. De hecho, al rememorar su triunfo presidencial lo caracterizó como «una de las grandes noches de la historia de la televisión». La política como espectáculo es una herramienta para conseguir los propósitos populistas.

Pasemos de «la puesta en escena del populismo» al segundo movimiento, el que permite su institucionalización. Aquí también encontramos elementos de diferente naturaleza. Jan-Werner Muller subraya que «el populismo siempre es una forma de política identitaria (*a form of identity politics*)».[7] El populismo implica, entonces, la construcción de un campo político propio en oposición a otro, una dicotomía que, como veíamos más arriba, debe ser binaria —o ellos o nosotros—; no se trata de una identidad política en medio del pluralismo. La construcción y establecimiento de esa identificación política es la principal fortaleza electoral del populismo. Y esa identificación fervorosa no se construye en unos pocos meses, requiere un trabajo constante. Pero una vez lograda el populismo puede perdurar.

Para conseguir este realineamiento político de una gran parte del electorado, varios mecanismos aparecen a la orden del día. El principal suele ser el reordenamiento del poder en el país a través de

---

[7] Müller, Jan-Werner. *What is populism?*. Philadelphia, University of Pennsylvania Press, (2016), p. 3.

la convocatoria a una Asamblea Constituyente que genera una nueva Constitución a la medida del líder.

Chávez, Correa y Evo Morales hicieron campañas sobre la necesidad de reemplazar sus viejas constituciones con unas nuevas que «refundaran» la patria. Más allá de la retórica y de los propósitos aludidos, el recambio constitucional cumplió con el papel de reescribir las reglas del juego político en favor del proyecto populista y, por esa vía, arrinconar a la oposición política, los medios de comunicación, la sociedad civil y todo aquello que se interpusiera en los planes del oficialismo.

El mecanismo constitucional, entonces, es el que nos acerca a lo que Pierre Rosanvallon llama «la irreversibilidad del populismo»: una vez constitucionalizado se hace muy cuesta arriba deshacerse de él.[8] Esa constitucionalización, por lo demás, también suele abrir la puerta al uso de los recursos públicos con propósitos partidarios, estableciendo redes clientelares en algunos casos o formas corporativas de redistribución que ayudan a cimentar las nuevas identidades políticas.

Entonces, hasta aquí he mostrado dos dimensiones del populismo, la «puesta en escena del populismo» y luego las herramientas que permiten la consolidación del líder populista y su proyecto. Antes de terminar este rápido repaso es importante señalar que, más allá de las estrategias y herramientas del populismo, en nuestros países estos experimentos tienden a producirse en la medida en que se desarrollan en contextos que los favorecen. En un plano social, explotan las diferencias y los temores que recorren la sociedad. La adhesión al populismo pasa por exacerbar la desconfianza, las distancias y hasta el desprecio que las atraviesa.[9]

---

[8] Rosanvallon, *op. cit.*
[9] Rosanvallon, *op cit.*

Lo que el populismo realiza es dotar de un rostro político a las distintas fisuras que atraviesan la nación. Desde luego, se trata muchas veces de un rostro caricaturesco, exagerado y hasta grotesco, pero no deja de ser uno realizado a partir de rasgos existentes. En sociedades desiguales, donde largas porciones de la ciudadanía son incapaces de hacer valer sus derechos y pasan por privaciones y vejaciones recurrentes el populismo es una forma de *accountability* tumultuoso y malhumorado contra las élites y el sistema imperante. Finalmente, en un plano político, ahí donde los sistemas de partidos se han debilitado o colapsado, la emergencia del *outsider* populista es mucho más probable.[10]

Castillo populista

Primero fue el estilo. Casi nadie sabía quién era Castillo hasta el primer debate presidencial en marzo del 2021, apenas dos semanas antes de la primera vuelta presidencial peruana. Sin embargo, en medio de una galería de candidatos grises, las miradas se las llevaba uno con un sombrero de paja de copa alta. El sombrero anticipaba una identidad que luego se conocería en detalle: maestro rural, campesino y rondero (milicias rurales de autoprotección). Y dichas características no eran una creación marketera electoral. Castillo, efectivamente, provenía de los márgenes de la vida nacional. Era el más puro *outsider* en la tierra de los *outsiders*.

Antes de ser presidente, Castillo era maestro de la escuela primaria número 10465 del centro poblado de Puña, distrito de Tacabamba, provincia de Chota, departamento de Cajamarca, al norte del

---

[10] Levitsky, Steven y Kenneth Roberts, *The resurgence of the Latin American left* (Baltimore, Johns Hopkins University Press, 2011).

Perú.[11] No hay forma de exagerar su condición humilde y periférica. A su escuelita rural acudían 43 niños. En muy pocas democracias del mundo alguien de estos sectores puede llegar a presidente. En todo caso, antes que un discurso o un programa, Castillo fue la irrupción genuina de lo rural y de lo que los peruanos llaman «el Perú profundo», usualmente identificado con lo cándido y puro frente a la corrompida capital. De ahí que Carlos Meléndez lo describa como un populismo «silvestre».[12]

El estilo vino acompañado de dos elementos tradicionales del populismo: el discurso y el líder providencial. El discurso vale la pena dividirlo en dos componentes. De un lado estaba lo programático: la candidatura de Castillo prometía, al igual que toda la izquierda del siglo XXI, acabar con el neoliberalismo y su orden injusto y desigual.

En el Perú, la manifestación aterrizada de este propósito ha sido siempre la derogación de la Constitución de 1993 que produjo el gobierno autoritario de Alberto Fujimori y que redibujó las relaciones entre Estado y mercado en el país.[13] Debajo de este discurso característico de la izquierda aparecían muchas otras propuestas: controles de precios, «mano dura» contra la delincuencia con un énfasis xenófobo contra los venezolanos, un moralismo religioso (siendo Castillo un evangélico) y una transparente voluntad por desmantelar las instituciones regulatorias del Estado, como el organismo a cargo de la educación superior y la dependencia que lidia con el transporte informal.

---

[11] González, Natalia, y Moscoso, Macarena. (2021). Al maestro con cariño (y cautela). En *El Profe.* IEP.

[12] Meléndez, C. (2022). Populistas: ¿Cuán populistas somos los peruanos?. Lima: Debate.

[13] Ver Maxwell Cameron, «From oligarchic domination to neoliberal governance: the Shining Path and the transformation of Peru's constitutional order» en Hillel Soifer & Alberto Vergara (eds.), *Politics after violence: Legacies of the Shining path conflict in Peru*, Austin, University of Texas Press, 2019.

Pero no era esta dimensión programática del discurso la que tenía mayor tracción en el país, después de todo, la derecha también es religiosa, promete «mano dura» y ser flexible con los intereses ilegales e informales. El discurso que de verdad impactó fue uno de tipo moral con gran pedigrí histórico e intelectual en el Perú.

Desde que el poeta y radical peruano Manuel González Prada dictaminó en un discurso célebre en 1888 que «el verdadero Perú» no es el que habita la costa sino el que se encuentra en los Andes, todo proyecto radical peruano se ha apoyado en esa intuición. De hecho, el historiador José Luis Rénique sitúa ahí el punto de partida de una tradición política que denomina «la nación radical».[14]

Es decir, a la fractura social, económica y cultural que objetivamente ha alejado siempre a la costa del Ande, se suma una división moral según la cual la serranía resguarda la posibilidad de regeneración nacional. En sus célebres *Siete ensayos* de 1928, José Carlos Mariátegui lo expresa con claridad: «La nueva peruanidad es una por crear. Su cimiento histórico tiene que ser indígena».[15] Esta tradición, entonces, tiene abolengo y muchos intelectuales peruanos han estudiado la existencia de este sentido común político.[16]

Así, había una tradición política esperando a su líder. Y, como vimos, sin líder no hay populismo. Fruto del azar, en un sistema representativo descompuesto como el peruano, apareció lo que Raúl Asensio ha llamado bien la figura de Castillo como el «provinciano redentor».[17]

---

[14] Ver Rénique, José Luis, La nación radical: De la utopía indigenista a la tragedia senderista (Lima, La siniestra, 2022) y ver también Rénique, José Luis, *Imaginar la nación: Viajes en busca del «verdadero Perú» (1881-1932)*, (Lima, Instituto de Estudios Peruanos, 2015).

[15] José Carlos Mariátegui, *7 ensayos de interpretación de la realidad peruana*. Lima, Editorial Amauta, 2005, p. 254.

[16] El historiador Alberto Flores Galindo lo abordó bajo el rótulo de la «utopía andina» y los sociólogos Gonzalo Portocarrero y Patricia Oliart desde la noción de la «idea crítica» en la escuela peruana.

[17] Asensio. R. (2021). El provinciano redentor: Crónica de una elección no anunciada. En *El Profe*. IEP.

El hombre del sombrero vino a encarnar el viejo sentido común del «verdadero Perú» frente al Perú costeño, podrido, afeminado e indolente. Como anota Asensio, lo curioso es que «el arquetipo pareció ser más importante que la persona».[18] Como si los feligreses de una secta se hubieran visto en la obligación de encontrar al mesías que debía aparecer: ¡y lo encontraron! Castillo no defraudó. Hizo del «pueblo» y los «pueblos» el único actor político relevante. Dijo todo lo que quería oír el Perú radical de la serranía y la izquierda limeña, siempre culposa por no ser plebeya y provinciana. En ese momento cuaja el populismo que distingue a Castillo: más que uno programático antineoliberal, moral e identitario.

Como todo populismo dividió el mundo en buenos y malos, prístinos y corruptos, solidarios y discriminadores. Discurso que contó con un aliado inmejorable: sus opositores de derecha se mostraron antidemocráticos, prepotentes y discriminadores.

El comportamiento del bloque que defendió a Keiko Fujimori en la segunda vuelta dejó en claro que bajo el grito «no al comunismo» estaban dispuestos a cargarse a la democracia denunciando un fraude inexistente y que, asimismo, podían respaldar declaraciones y manifestaciones políticas racistas y denigrantes contra Castillo y sus votantes.

Por si fuera poco, Keiko Fujimori había llegado a la elección presidencial siendo la política más impopular del país, lo cual hacía muy difícil que pudiera triunfar (ya en 2011 y 2016 había perdido en segunda vuelta). Así, tanto por el discurso que encarnó Castillo como por la reacción de la derecha, el país se escindió desde un cúmulo de criterios políticos, sociales, morales, económicos, geográficos y culturales. En otras palabras, se desató el río revuelto con el que sueña todo populista.

---

[18] Asensio, R. (2021). El provinciano redentor: Crónica de una elección no anunciada. En *El Profe*. IEP. p. 62.

El 28 de julio del 2021 Castillo asumió el poder. En su discurso de toma de mando desplegó todos los sentidos comunes de la «nación radical». Ese día el Perú cumplía doscientos años de vida independiente, dos siglos de república. Sin embargo, el provinciano redentor descartó la importancia de la independencia asegurando que esta no trajo «una mejora real para la mayoría de los peruanos» y, agregó con evidente desdén por la república que ese día festejaba su bicentenario, que «nuestra historia... viene de mucho más atrás».

Por milenios, prosiguió, los habitantes andinos encontraron maneras de resolver sus problemas y vivieron en armonía con la naturaleza. Los hombres de Castilla acabaron con ese mundo e impusieron siglos de explotación de las poblaciones y de los minerales que pagaron el desarrollo europeo. Pero ahora, agregaba más redentor que nunca, «el país será gobernado por un campesino, una persona que pertenece como muchos de los peruanos a los sectores oprimidos por tantos siglos». La tradicional división maniquea del populismo en buenos y malos adquiría aquí un carácter milenario.

Ahora bien, este relato maniqueo no era uno puramente político. Lo que le subyace es una interpretación histórica sobre la construcción nacional. La izquierda y Castillo, en ese orden, le proponían al Perú una lectura histórica que contaba con el marco inmejorable de ocurrir en el mismo momento en que se celebraba el bicentenario. Frente a esta narrativa simplista, la oposición quedó petrificada y sin más reacción que la del griterío primitivo (¡comunistas!) o dar rienda suelta a posiciones racistas y reaccionarias.

Tras dos décadas sin más programa que el de engordar el PBI, la derecha aparecía huérfana de una lectura histórica sobre el país. Ante el desafío solo atinaba a una reacción que parecía confirmar el maniqueísmo oficialista. Lo cual es una lástima porque en el Perú hubo otros momentos en que políticos e intelectuales de derecha como Víctor Andrés Belaúnde o José de la Riva Agüero, por nombrar solamente dos, ciertamente eran anticomunistas, pero produjeron lecturas sofisticadas sobre el proceso de construcción nacional.[19]

Entonces, recapitulemos lo que tenemos hasta aquí: Castillo es el *outsider par excellence* y tanto sus orígenes como su discurso calzaron a la perfección con el populismo que divide a la sociedad en puros y abyectos, ricos y pobres. Enfrente, el gobierno de Castillo encuentra la oposición que necesitaba, una que insulta, denigra y que intenta realizar un golpe de Estado electoral por la vía de las acusaciones de un fraude sin sustento.

Todo esto, finalmente, ocurría en un país históricamente desigual y al cual la pandemia venía de zarandear como a ningún otro en el mundo. En síntesis, con Castillo ya instalado en el poder, el Perú contaba con un contexto más que propicio para que cuajara un proyecto populista desde el Estado.

Pero no ocurrió. Ni tenía cómo ocurrir. Varias cuestiones han sido fundamentales para esto. En primer lugar, comparado con los líderes populistas exitosos, Castillo fue uno impopular. Parece un oxímoron, pero no lo es: el populista impopular.

Cuando se realizó la primera medición de aprobación presidencial de Hugo Chávez este tenía un respaldo casi unánime en Venezuela: 91.9 % de la población. Para Evo Morales la cifra fue de 79 % y en el caso de Rafael Correa, 71 %. En cambio, Pedro Castillo debutó con el 38 % de apoyo popular.[20] Y ese fue su punto más alto.

Si Castillo puso en escena el populismo del que ya he hablado, también dejó en claro que su gestión estaría definida por la ineptitud gubernamental y la corrupción. Para ilustrar lo primero queda para

---

[19] El desarrollo de este párrafo y la manera en que la elección de Castillo propone una lectura sobre el *nation-building* peruano que no encuentra una lectura opuesta desde la derecha está en mi artículo «An eruption of history in Peru's bicentenary», *Current History*, febrero de 2022.

[20] Datos proporcionados por el politólogo Rodrigo Barrenechea.

la posteridad las imágenes de la juramentación de su primer gabinete, una ceremonia rocambolesca y semiclandestina en la cual nunca aparecieron ni un ministro de Economía ni de Justicia.

Era tal el caos dentro de la coalición de gobierno que saltaron a la cancha gubernamental ¡sin ministro de Economía! Junto a esto, desde el primer día, el Gobierno transparentó que sus gabinetes provendrían de lo que los peruanos llaman «una repartija». Se nombraría a uno u otro por criterios de cuotas entre diferentes grupos políticos, sindicales y familiares. De hecho, el primer canciller de Castillo, Héctor Béjar, quien permaneció en su puesto apenas un par de semanas, afirmó que el Gobierno era una «una combinación de familiares, amigos de familiares, gente que ha hecho favores de distintos tipos…».[21]

Durante el primer año de gestión estas tendencias se profundizaron y Castillo una y otra vez le comunicó implícitamente al país que no enmendaría. Nombró sin asomo de arrepentimiento decenas de funcionarios con antecedentes criminales y a muchos otros que carecían de las más mínimas competencias para los cargos. Por cierto, es bueno enfatizar que el clientelismo y la corrupción nunca han sido un impedimento para la consolidación del populismo. De hecho, la frase famosa «roba pero hace obra» se origina en Adhemar Barros, gobernador de Sao Paulo y pionero del populismo en los años treinta, quien fue popularísimo con el aforismo que sus propios partidarios repetían: *rouba mas faz*.

Los peruanos, en cambio, notaron que lo de su presidente y entorno era robar y punto. La fiscalía encontró 20 000 dólares en billetes en un baño del Palacio de Gobierno que pertenecían a su mano derecha, Bruno Pacheco, y a los pocos meses todo indicaba que los

---

[21] La República. Béjar sobre cargos en Gobierno: «El 50 % son familiares de Castillo o cuadros de Perú Libre». Agosto 31, 2021

223

colaboradores más cercanos de Castillo constituyeron una mafia para lucrar desde el Estado.

Un año después de asumir el poder, varios de sus familiares estaban prófugos de la justicia así como varios de sus ministros y asesores más cercanos.

Mientras las pruebas de corrupción se amontonaban, el presidente evidenciaba no tener idea de cómo gobernar. Los ministros y gabinetes se apilaron sin ton ni son: entre el 29 de julio de 2021 y diciembre del 2022 hubo más de setenta cambios de ministros, incluyendo siete en el ministerio del interior, cinco cambios de canciller, tres ministros de economía, etc… Como afirmó el periodista Mirko Lauer, Castillo «ha nombrado ministros que no parece haber visto jamás en su vida, para ocupar carteras sobre las que nunca había oído hablar. Quizás a alguno lo despidió sin haberlo conocido nunca».[22]

De esta manera, la gestión de Castillo fue una mezcla cotidiana de desgobierno y corrupción. Al final de su primer año la aprobación presidencial era de 28 %. Es decir, había fracasado en construir la popularidad que permite redibujar las identidades políticas de los países. O, para decirlo de otra manera, nunca pudieron construir el *castillismo*.

En el Perú nadie es *castillista* y pasado el tiempo se esfumará en la lista de presidentes sombríos y deshonestos que siempre han poblado la política peruana. Para cualquiera es un resultado triste, pero para el redentor que iba a conjurar cinco siglos de opresión la situación adquiere un patetismo adicional. Y esto, insisto, a pesar de que el país contaba con los elementos contextuales que favorecen el populismo: polarización electoral, desigualdades sociales, crisis pospandemia y un *outsider* tomando el poder en medio de un sistema de partidos inexistente.

---

[22] Lauer, Mirko, «Me robaron la cartera», en *La República*, 8 de febrero del 2022.

Para defenderse de las críticas y procesos judiciales que retrataban a su gobierno como uno inepto y corrupto, Castillo, su primer ministro Aníbal Torres y sus aliados redoblaron su apuesta populista. En ceremonias transmitidas por la televisión estatal se despachaban contra los medios, críticos e instituciones, que estarían guiados por el racismo y la intolerancia. En clave populista indudable, Torres afirmó que estaban dispuestos a dar la vida por defender la democracia; el presidente aseguró que «si tiene que correr mi sangre por la calle lo voy a hacer». Eso sí, nada de desvirtuar las evidencias de ladronerías.

Al mismo tiempo procuraban energizar a cualquier tipo de base social que podría salir en defensa de Castillo. No solo eso, en alguna conferencia de prensa se dirigió al «pueblo» y aseguró que los ministerios estarían abiertos para quienes defiendan al Gobierno, en una promesa malamente disimulada de clientelismo elemental. Pero fue en vano. Jamás cuajó el castillismo. Es decir, si regresamos a la definición de Jan-Werner Muller del populismo como la construcción de una identidad política, Castillo y su *entourage* fallaron en lo más importante.

¿Por qué fracasaron? Curiosamente, no se debió a la institucionalidad democrática peruana sino a la pura mediocridad castillista. Es decir, las instituciones democráticas peruanas están en hilachas hace mucho y mal podrían resistir el embate de un populista de amplia aceptación; la oposición a Castillo carecía de popularidad y legitimidad; y la sociedad civil yacía inmóvil sin saber cómo comportarse cuando los ladrones y abusivos son de izquierda.

Sin embargo, a diferencia de los populistas exitosos, Castillo no pudo generar la imagen de estar preocupado por el país, de estar abocado al bienestar general. El Gobierno mostró una disposición indisimulada y voraz por los recursos públicos, sin ninguna consideración por el bien común. Tal vez el ejemplo más elocuente fue el nombramiento como ministro de Salud de un charlatán en un país que venía de ser arrasado como ningún otro por la pandemia de la COVID-19. Pero el sujeto —que se hizo conocido como el Dr. Agüita, porque vendía «agua arracimada», una estafa hecha brebaje «médico»— era la cuota del partido que había llevado al poder a Castillo.

Al final, el discurso populista dejó de ser una herramienta para el cambio —como en los populismos exitosos— para ser una coartada victimista según la cual el presidente no estaba involucrado en innumerables actos de corrupción, sino que las élites malvadas rechazaban a un presidente humilde y campesino. Pero casi nadie compró el embuste. Castillo fue incapaz de asumir sus responsabilidades, rehuyendo todo contacto con la prensa e intentando en más de una ocasión obstruir la acción de la justicia. Se presentó una y otra vez cual si fuera el personaje de una novela indigenista del siglo XIX, como una «ave sin nido». Su objetivo principal fue despertar lástima. Pero a ojos de la ciudadanía se hizo evidente que era un pillo sin entereza. Lo cual es doloroso en el país de Saturnino Huilca, Hugo Blanco o Zózimo Torres, por nombrar algunos líderes sindicales y campesinos con una inteligencia, dignidad y responsabilidad que Castillo no comprendería.

Ahora bien, a la base de esta deshonestidad general, Castillo y su gobierno presentaba un problema más elemental. Su condición de «periférico multidimensional» (la caracterización es de Barrenechea y Encinas) lo hacía incompetente para el cargo de presidente.[23] El presidente no tenía ninguna experiencia política y su ignorancia se ha hecho explícita más de una vez.

El lector no peruano puede que no calibre la dimensión de lo que estamos aquí refiriendo, pero difícilmente haya habido en la his-

---

[23] Barrenechea, Rodrigo, y Daniel Encinas. «Perú 2021: Democracia por defecto». *Revista de ciencia política (Santiago)*. AHEAD (2022).

toria latinoamericana un presidente menos preparado que Pedro Castillo. Solo por poner algunos ejemplos: alguna vez llegó a la sede del Poder Judicial porque creía que ahí encontraría al ministro de Justicia; en otro momento, ante cámaras y micrófonos, elaboró sobre la guerra entre Rusia y Croacia; cuando le preguntaron por las relaciones con Santiago (de Chile), pensó que se trataba del nombre de alguien y afirmó que todo iba bien con «el hermano Santiago»; a la pregunta sobre qué era un monopolio no pudo responder nada con alguna coherencia; cuando en Nueva York le consultaron si el Perú brindaba seguridad a los inversionistas extranjeros respondió como si la pregunta aludiera a la delincuencia callejera. Los ejemplos son legión. Se trata de un presidente que probablemente ni siquiera comprendía los rigores del cargo ni posee las habilidades cognitivas para entender los desafíos que lo rodeaban.

Entonces, la retórica populista no consiguió opacar lo principal: que se trataba de un gobierno de pillos ineptos. Y en cualquier parte es imposible que una política de la pillería incapaz despierte simpatías y, menos aún, una identidad política, aunque esté aliñada con populismo. Hacia el final de su mandato, cuatro de cada cinco peruanos rechazaba al Gobierno y ese rechazo no lo cosecha nadie. Pese a ello, una encuesta aseguraba, por la misma época, que el político peruano más popular es el propio Castillo con 6 %. El desagrado popular con los políticos es de amplio espectro.

Finalmente, frente a este orden de cosas, el Gobierno fue incapaz también de plantear una ruta viable para ir hacia una asamblea constituyente que preparase una alternativa a la constitución vigente de 1993. Sobre este punto es pertinente citar al propio presidente Castillo cuando, en una de las tres entrevistas que ha brindado durante su presidencia, fue inquirido respecto de lo que debería contener la nueva constitución:

> Bueno, que se le dé espacio a los hombres de abajo, que se incluya a las comunidades nativas, para darles agua, para darles luz, para darles teléfono, para darles virtualidad, para que ya no estén más pobres, para una verdadera descentralización.

Ante esta breve, gaseosa e improvisada respuesta, el periodista replicó que nada de eso requería una nueva constitución y le pidió alguna razón adicional que hiciera a la nueva constitución una prioridad, ante lo cual el presidente respondió:

> ¿Cómo ponerla?... como decir que deje de ser un servicio el agua, la luz y la salud, ¿no?, la educación.[24]

Para ser la demanda más importante de su plataforma política uno esperaría que pueda elaborar algo más que estas breves incoherencias. El punto es que con ese nivel de precariedad política e intelectual es imposible que prospere cualquier tipo de proyecto, de derecha o de izquierda, democrático, autoritario o populista. Y más aún si es que el presidente reafirmaba con sus dichos y decisiones que no tiene voluntad de convocar actores con alguna competencia. Y, así, tras poco más de un año en el poder, Castillo dio lugar al extraño caso de un populismo intrascendente.

Sin popularidad, no pudo crear una identidad ni puso en marcha los mecanismos institucionales que permiten la "sostenibilidad del populismo".[25] Lo cual es distinto a afirmar que su presidencia no generase consecuencias. Las tiene y son funestas para una institucionalidad pública que fue corroída por una rapiña que llegó, como en

---

[24] Entrevista de Fernando del Rincón en la cadena CNN, 25 de enero de 2022.
[25] Barrenechea, Rodrigo, y Jason Seawrigth. Populism and the Politics of Identity Formation in South America.En Eds. Steve Levitsky, Deborah Yashar, y Diana Kapiszewsk, *The Inclusionary Turn in Latin American Democracies*. Cambridge University Press, 2021.

la canción de Luis Eduardo Aute, con hambre atrasada. El punto que hago, sin embargo, es que esas son las consecuencias de la ineptitud corrupta, no de la vocación antipluralista del populismo.

(Re)consideraciones finales

En un texto clásico sobre la Revolución mexicana, el historiador Alan Knight criticaba a los académicos que le negaban su carácter revolucionario por no cumplir con una serie de metas que provenían de la teoría marxista: no había dado lugar al socialismo, no había sido liderada por el proletariado. Entonces, la rebajaban a la categoría de mera revuelta o rebelión. Y Knight señalaba que se trataba de una revolución democratizante y que no debía ser evaluada contra las expectativas de cierta familia ideológica sino con otras revoluciones y con lo que sus progenitores habían querido de ella.[26]

Pues bien, a esta altura del artículo me siento un poco como esos historiadores que Knight fustigaba. ¿Cada populista busca o debe buscar la construcción de identidades políticas que le permitan alterar a su favor la correlación de fuerzas políticas en su país e institucionalizar el populismo? O de otra manera: ¿es el conocimiento teórico que he utilizado en este artículo el que debe determinar si Pedro Castillo encarna un populismo exitoso o fracasado?

Quizás no enteramente. Me queda claro que Castillo y la izquierda que lo rodeó creyeron por poco tiempo que podía construir esa opción populista. El discurso de toma de mando y la presión para que convocara a una asamblea constituyente prueba que esto merodeó al gobierno, sobre todo, en sus inicios. Pero abortaron la misión.

---

[26] Knight, Alan. «The Mexican Revolution: Bourgeois? Nationalist? Or Just a 'Great Rebellion'?». *Bulletin of Latin American Research* 4, núm. 2 (1985): 1-37.

Y, por tanto, quizás antes que evaluar al presidente Castillo contra la teoría del populismo y contra los casos exitosos de populismo, en realidad habría que contrastarlo contra sus propias expectativas. Expectativas enraizadas en la desalmada política peruana contemporánea. Si recalibramos nuestro lente en esa dirección, lo que toca es considerar que Castillo se propuso sobrevivir en un sistema político en el cual tres de los últimos cinco presidentes dejaron su cargo antes de lo previsto.

Una jungla habitada por sicarios y traidores, donde cada día se ventilan las amenazas de disolución congresal y de vacancia presidencial. Si esto es así, las estrategias populistas de Castillo habría que entenderlas como unas abocadas a sobrevivir en esta ciénaga darwinista y no a procurar ningún cambio de carácter populista en el país. Bajo ese ángulo, Castillo y su gente habrían leído bien la realidad política nacional y estarían haciendo su negocio. Por lo menos, mejor que su primitiva oposición. Porque el discurso populista fue útil para que su aceptación no cayera debajo de 20 %, fidelizando a su electorado rural original, mientras que la distribución de puestos de trabajo y de obras públicas a diversos partidos en el Congreso bloqueó durante casi todo su mandato la posibilidad de una vacancia en su contra.

Cuando Castillo asumió el poder el consenso era que estaba desahuciado. Corrían las apuestas respecto de cuándo sería vacado y era moneda corriente oír que pronto «caería solito». No fue así. Se mantuvo al mando del Ejecutivo durante dos años y tres meses, y el Congreso solo consiguió vacarlo luego de un fallido intento de golpe de Estado. No fue un gran triunfo si se le compara con una democracia funcional, pero fue mucho más de lo que se le vaticinó. El más elemental de nuestros presidentes logró, durante un tiempo y en contubernio de facto con varios sectores del Congreso, organizar el caos.

En un país que en los últimos seis años había tenido cinco presidentes y siete procesos de vacancia presidencial puede que, antes de su vacancia final, Castillo no estuviese triste por seguir una senda diferente a la de Chávez, Morales o Correa, sino satisfecho de haber labrado un equilibrio inestable. ¿Hubiera podido estirarlo hasta el 2026? Como dijo alguien, en el Perú todo es difícil pero nada es imposible.

Lo que sí estaba claro es que si el gobierno terminaba desplomándose antes del 2026 resultaba que estábamos en realidad frente a tácticas populistas que resultaron inútiles tanto para institucionalizar el populismo como para sobrevivir en la política peruana. O sea, ante un populismo doblemente intrascendente.

Post scriptum

Al final, como sabemos ya, resultó efectivamente un populismo doblemente intrascendente. El 7 de diciembre del 2022 terminó la presidencia de Pedro Castillo. En la mañana de aquel día, el presidente se dirigió a la nación para dar un golpe de Estado cuyos objetivos, motivaciones y contenido aparecen a lo largo de este artículo. Como las pruebas de corrupción en contra del presidente se habían amontonado, la vacancia era cada vez más plausible. Ante esta situación el presidente inepto y *amateur* entró en pánico y, rodeado de un ministro de Justicia bordeando la senilidad y de una primera ministra de 33 años que nunca había tenido un cargo de elección pública previamente, decidieron romper el orden constitucional.

Este trío de caricatura creyó que podría someter al país entero. Intentar este delirio se apoyaba en otro elemento característico: el radicalismo. En el discurso de golpe de Estado anunciaron que gobernarían por decreto y que, además, convocaban a la soñada Asamblea Constituyente. Así, murieron como vivieron, movilizados por la corrupción, la ineptitud y el radicalismo.

El Congreso no tuvo dificultad en destituir a un golpista flagrante. Asumió la presidencia su vicepresidenta Dina Boluarte, la cual en apenas unas semanas degradó aún más la política peruana. Como buen ejemplar de una política de novatos oportunistas y con debilidad por lo delincuencial decidió disfrutar la lotería que el azar le había entregado, aun cuando el país casi por completo reclamaba elecciones anticipadas. Como era fácil de prever, las protestas se multiplicaron y, pronto también, los asesinados por balas de la Policía y el Ejército.

Los meses de gobierno de Boluarte han dado lugar a un rencor profundo en el sur peruano que votó por ella y por Castillo, pero que la presidenta y sus aliados han despreciado con una decisión que no se veía hace décadas.

Así, hemos pasado del presidente populista e intrascendente a la presidenta autoritaria y estéril. Porque ella y sus aliados (su primer ministro Alberto Otárola, el Congreso de la República y sus escasos —pero ricos— valedores) no tienen ningún proyecto para el país. Es el autoritarismo por el autoritarismo. Una coalición de precarios bandoleros (que saben que una vez que pierdan el poder deberán responder por crímenes de todo tipo) sostenida por empresarios asustados hasta el delirio con el fantasma del comunismo.

Prefieren la barbarie a una democracia en la que otro Castillo podría despuntar. Y así, el país se precipita hacia nuevos sótanos. Según datos recientes, el Perú es el país de América Latina con más «nuevos pobres» tras la pandemia. Para el 2023 ningún pronóstico económico entrevé que el Perú supere el 2 % de crecimiento económico.

Tiene poco de extraño: nadie ha visto surgir el desarrollo de los balazos indiscriminados. Es decir, el proyecto de la coalición en el poder es asegurar la pobreza y el subdesarrollo peruano. Pero, eso sí, libres de comunistas llegados de la sierra.

11

Yo soy Chávez,
una historia de amor populista

Catalina Lobo-Guerrero

La historia ocurre dos veces: primero
como tragedia, después como farsa.
KARL MARX

Chávez... ya no soy yo

Hugo Chávez llevaba 14 años en el poder y, ante la posibilidad de ganar su tercera elección presidencial —o morir en el intento—, pronunció esa frase que auguraba un final inesperado en su relación especial con millones de venezolanos. El Comandante de la Revolución Bolivariana y Socialista del Siglo XXI hablaba desde una tarima en la ciudad de Maracay, donde había empezado su gira como candidato, el 1.° de julio de 2012. Miles de chavistas —vestidos de rojo encendido— se apretujaban para escuchar sus palabras de amor. «Más que amor, es frenesí», aclaró ese día, en tono cantado, como de serenata. Esperaba que el pueblo también le demostrara —con millones de votos— que ese sentimiento no solo era recíproco, sino que se mantenía a pesar de sus quebrantos de salud recientes: «Amor con amor se paga», les recordó.

Había pasado un año, exactamente, desde que Chávez —«el Intumbable», como rezaban la propaganda y los muñequitos de su figura que vendían en las calles— había revelado lo que hubiera preferido mantener en secreto: la existencia de un tumor maligno en su zona pélvica. Lo habían operado varias veces y las sesiones de radio y quimioterapia a las que se había sometido, más las fuertes dosis de cortisona contra el dolor, habían dejado secuelas evidentes: su cabellera negra y gruesa había desaparecido; también las líneas de su rostro anguloso, cada vez más hinchado y con una gran papada.

El hombre bragado que había resistido a un golpe de Estado y a un paro petrolero, el que había ganado tantos referendos y elecciones, el que no necesitaba dormir y hablaba con su vozarrón durante nueve horas seguidas, ya no permanecía mucho tiempo de pie sobre el escenario. Todo el país especulaba: ¿qué tan enfermo estaría? ¿Cuánto tiempo le habían dado los médicos? ¿De verdad estaba libre de cáncer?

Chávez aseguró que se había curado y, a sus casi 58 años, era indispensable que los venezolanos lo reeligieran para continuar la lucha contra la crisis moral; el origen de todos los males para él. En su discurso de posesión como presidente recién electo en 1998, la describió como el «cáncer más terrible» que había crecido, «carcomiendo» instituciones y el modelo económico, hasta invadir todo el «cuerpo de la República», porque no había sido extirpado a tiempo.

Al contrario, los Gobiernos de la guanábana (por los colores blanco y verde de los partidos tradicionales Acción Democrática y COPEI) que gobernaron durante la década de los ochenta no habían encontrado una cura para la enfermedad holandesa, generada por el *boom* petrolero en la década anterior. En vez de recortar el gasto, agotaron casi todas las reservas nacionales y la deuda externa se cuadruplicó. La devaluación del bolívar en 1983 y los controles de cambio y de precios de toda clase de productos —que escaseaban porque no era rentable producirlos— derivaron en un malestar creciente entre la población empobrecida.

El descontento explotó el 27 de febrero de 1989. Empezó como una protesta puntual por el aumento del pasaje de bus, y terminó en un estallido social masivo con motines y saqueos a tiendas, bodegas y mercados en la capital. La respuesta del gobierno de Carlos Andrés Pérez para contenerlos fue tardía y violenta: impuso el estado de sitio, suspendió las garantías constitucionales y mandó al Ejército a las calles a disparar. El resultado fue una masacre de 277 muertos, según cifras oficiales, pero el Comité de Familiares de las Víctimas (Cofavic) contó cuatrocientos cadáveres.

El Caracazo, como se recuerda hoy esa fecha traumática, sería utilizado como justificación por Hugo Chávez (diría que era «inevitable» como la erupción de los volcanes) para liderar un golpe de Estado contra el presidente Pérez el 4 de febrero de 1992. La operación fracasó. El teniente coronel se entregó y asumió la responsabilidad ante las cámaras de televisión. Transmitieron su mensaje, en vivo y en directo, para que el resto de los uniformados sublevados se rindieran. Esos pocos minutos en la pantalla —con la mirada fija y el pecho en alto, vestido de camuflado y boina roja ladeada sobre la cabeza— fueron suficientes para catapultarlo al estrellato como el héroe nacional que prometía un futuro distinto en dos palabras claves: «Compañeros: lamentablemente, *por ahora*, los objetivos que nos planteamos no fueron logrados en la ciudad capital...».

Dos tercios de los venezolanos aplaudieron el golpe, según encuestas de la época, y por eso no fue extraño que en los siguientes carnavales algunas madres disfrazaran a sus hijos como el Rambo criollo. La gente quería a un hombre de mano dura —como el matón de la telenovela de moda que se cargaba todas las normas— para ordenar el desastre nacional; al hartazgo con la crisis económica y las medidas fracasadas para contenerla se había sumado la pérdida de confianza en la clase política tradicional y en la gran mayoría de las instituciones públicas. La percepción extendida entre la gente era que habían dejado de escuchar y responder a sus necesidades.

La relación estrecha entre el Estado y el glorioso «bravo pueblo», exaltado en el himno nacional y celebrado por anteriores gobiernos como el motor del progreso, se había roto. «Con el giro hacia las políticas de libre mercado y desmantelamiento del desarrollismo populista, el discurso dominante comenzó a presentar al pueblo no ya como el virtuoso cimiento de la democracia, sino como una masa turbulenta y parásita a la que el Estado tenía que disciplinar y el mercado tornar productiva», escribió Fernando Coronil al respecto en *El Estado mágico*.[1]

Pero el pueblo venezolano era «sabio y paciente», como cantaba Alí Primera en su «Sangueo para el regreso», invocando el retorno necesario del libertador Simón Bolívar ante la catástrofe nacional, y guardaría el *por ahora* de Chávez en el inconsciente, como una oferta pendiente para cambiar el *statu quo*, tan pronto como fuera posible.

No tuvieron que esperar tanto, porque el presidente Rafael Caldera, en un último intento por ser un presidente popular, ordenó el sobreseimiento de las causas judiciales de los militares golpistas. Al no haber sido condenado, Chávez quedó sin impedimento alguno para ocupar un cargo público.

Con la inflación rampante y un índice de pobreza superior al 60 %, las condiciones eran ideales para que el héroe vengador de la gente, maltratada por la «oligarquía rancia» y el cogollo político corrupto, se lanzara como candidato independiente en 1998. En una campaña antipartidos, antipolítica, antiestablecimiento, el «candidato que defiende al pueblo» quería refundar la patria o, en otras palabras,

---

[1] *El Estado mágico: Naturaleza, dinero y modernidad en Venezuela.* Fernando Coronil. Nueva Sociedad, 2002.

hacer una revolución sin balas. La mayoría aceptó su propuesta de libertador nacionalista reencacuchado para el siglo XXI y Chávez ganó la presidencia con el 56.4 % de los votos. Los resultados evidenciaron una ruptura en la historia política del país y *The Washington Post* lo reflejó así en su titular al día siguiente: «Un populista es elegido en Venezuela»[2].

Con Chávez manda el pueblo

El día de su toma de posesión presidencial, el 2 de febrero de 1999, Hugo Chávez alzó la mano y juró sobre la «moribunda Constitución». Lo dijo frente al presidente saliente Rafael Caldera, uno de los padres de esa Carta Magna, y a quien Chávez nunca agradeció por sacarlo de la cárcel. Quizás por eso mismo Caldera se negó a ponerle la banda presidencial como sucesor.

El candidato Chávez había prometido una Asamblea Constituyente, aunque eso no estaba ni contemplado ni permitido en la Constitución del 61. Pero por encima de la legalidad —o los «legalismos», como él argumentaba— estaba la *legitimidad* del proceso revolucionario incipiente. Y por encima de todo estaba la *soberanía* del pueblo, que ejercía su poder mediante el sufragio. Esa misma tarde, sin esperar a que la Corte Constitucional resolviera dos consultas sobre la materia, Chávez firmó un decreto presidencial para preguntarles a los venezolanos, a través de un referendo, si querían o no una Asamblea Constituyente para «transformar el Estado y crear un nuevo ordenamiento jurídico». Sería la primera muestra de la nueva democracia «participativa y protagónica» y cualquiera que se atravesara en ese proceso sería arrasado por la fuerza popular.

---

[2] Populist Elected in Venezuela. Serge F. Kovaleski. *The Washington Post*, 7 de diciembre de 1998.

237

Dos días después, el nuevo presidente siguió con sus provocaciones. Convocó a un desfile para conmemorar el aniversario del golpe de Estado que él mismo había dado, con otros soldados rebeldes, siete años atrás.

«Era un desafío para ver quiénes se oponían, pues. Y todos aceptaron», recordó el exparlamentario Luis Manuel Esculpi, quien también estuvo allí, con los papaupas de tres soles, porque presidía la Comisión de Defensa de la Cámara de Diputados, y sería testigo de un descaro adicional de Chávez: «Él le pregunta ahí, a Cecilia Sosa, la presidente de la Corte Suprema de Justicia: "¿qué haría usted si un niño está pasando hambre?, ¿usted no robaría por dinero?"». La magistrada guardó silencio y se quedó sentada en su silla. Cuando el historiador Germán Carrera Damas vio la escena, pensó: «El representante máximo del poder militar, el generalato, y la representante más alta del poder civil, la Justicia, se aguantaron la vejación sin chistar. El mal es profundo».

Chávez retaba y medía a las autoridades principales con un discurso igual de beligerante y revanchista al utilizado durante la campaña electoral, porque tenía un 80 % de favorabilidad en las encuestas. ¿Quién lo iba a frenar? ¿Quién sería el antipatriota de la historia? Nadie impidió que la V República (como también se llamaba el partido del presidente) le pasara por encima a la IV República: la de la democracia representativa liberal, la separación de poderes y el Estado de derecho.

Los magistrados nunca fallaron de manera clara y contundente[3] sobre la posibilidad de reformar la Carta Magna mediante una Asamblea Constituyente, así que, ante la petición de Chávez, el

---

[3] Ver La muerte de una Constitución (veinte años después). José Ignacio Hernández. *Prodavinci*, 3 de enero de 2019. https://prodavinci.com/la-muerte-de-una-constitucion-veinte-anos-despues/

Consejo Nacional Electoral convocó a los venezolanos a un referendo consultivo. El 88 % votó a favor y a mediados de año volvieron a las urnas para escoger a quienes redactarían las nuevas leyes de la patria. Gracias al «kino» (el *gerrymandering*) que determinó cómo sería el sistema de representación, el chavismo se quedó con el 95 % de los escaños: 125 de 131.

La primera tarea de los delegados de la Constituyente no fue discutir ni redactar nuevas leyes: «… puede decirse que la primera etapa de la misma se dedicó a la intervención de los poderes constituidos, habiendo dado un golpe de Estado, sin que en las plenarias de la Asamblea se hubiese prestado fundamental atención a la elaboración del proyecto de Constitución», escribió en su libro *Golpe de Estado y proceso constituyente en Venezuela*, el jurista y profesor Allan Brewer-Carías,[4] quien fue testigo excepcional de todo el proceso, como uno de los seis delegados no chavistas.

Aunque él y los otros representantes de la oposición votaron en contra, la Constituyente se pasó por la faja a la aún vigente Constitución del 61, al autoatribuirse un poder superior a los demás poderes, que para Chávez eran una herencia ilegítima de la IV República. La única manera de *relegitimarlos* era desde el *poder originario constituyente*.

Un fallo de la propia Corte Suprema validó a la Asamblea Constituyente como un poder «supraconstitucional». «El miedo a desaparecer como magistrados y el ansia de colaborar con una mayoría que se ha arrogado todos los poderes fue más grande que la dignidad y la defensa de los valores fundamentales que el derecho y la democracia imponen a la Corte Suprema de Justicia», dijo entonces la magistrada Cecilia Sosa, al salvar su voto. Ese día sí se paró de su silla para no volver, porque la Corte se había «suicidado antes de ser asesinada».

---

[4] *Golpe de Estado y proceso constituyente en Venezuela*. Allan Brewer-Carías. UNAM, 2002.

Tenía razón: tres meses después, fue eliminada y reemplazada por el Tribunal Supremo de Justicia, integrado por varios magistrados simpatizantes del proceso revolucionario.

La Constituyente derivada en Destituyente intervino todo el poder judicial y, además de los magistrados del Supremo, sacó a cientos de jueces de otras salas. Luego cerró el Congreso (en donde el chavismo no tenía la mayoría parlamentaria) y disolvió las Asambleas Legislativas Estatales. Fueron reemplazadas por un «Congresillo» arbitrario y comisiones de transición en cada Estado, hasta que se convocaran a nuevas elecciones. A las alcaldías locales y concejos municipales les permitieron seguir ejerciendo sus funciones, pero bajo la supervisión y control de la Constituyente.

Una vez culminó la primera etapa de «transformación del Estado», los delegados empezaron a trabajar en un nuevo ordenamiento jurídico. En apenas dos meses discutieron y redactaron el nuevo texto de la Constitución, muy a la medida de los deseos del Comandante: era más militarista y concentraba aún más el poder en la figura del Ejecutivo porque ampliaba el período presidencial de cinco a seis años y permitía la reelección inmediata.

El proceso terminó sin mayor resistencia —hubo algunas demandas legales que no prosperaron— ni mucha alharaca, quizá porque se veía como una disputa leguleya que solo los abogados y unos pocos ciudadanos entendían. Para la mayoría de los venezolanos, la purga de los jueces corruptos y el cierre de un Congreso de politiqueros eran un avance, en vez de un retroceso democrático.

Además, nunca antes habían participado tan activamente en política, ni habían sido tan tenidos en cuenta. El eslogan de la temporada era: «Con Chávez manda el pueblo», y muchos lo creyeron porque votaron muy seguido y más que nunca. En el referendo consultivo, para elegir a los delegados, aprobar la nueva Carta Magna —con el 71 % de los votos— y para volver a escoger alcaldes, gobernadores, diputados y presidente en las llamadas «megaelecciones» celebradas a mediados del 2000.

En su primer año y medio de gobierno —aunque, más que gobernar, Chávez había estado «de campaña en campaña, de victoria en victoria»— se había roto el equilibrio de poderes y el oficialismo se había hecho más fuerte: el presidente fue reelegido con el 59 % de los votos para un nuevo período de seis años; la coalición de partidos y movimientos del chavismo ahora controlaba dos tercios del parlamento; y se habían quedado con la mayoría de gobernaciones y alcaldías. Quienes se opusieran al proceso revolucionario hacia adelante —el día de su nueva toma de posesión Chávez habló del 2011, luego del 2021, quizás el 2030—, quedarían a la orilla del camino: «¡Esto no tiene marcha atrás!».

Aló, Presidente

Las marchas de protesta, los cacerolazos y los paros fueron más frecuentes y numerosos a partir del 2001, cuando ese 40 % de venezolanos, que no había votado por el Comandante, se pellizcó: la revolución bolivariana no era solo un sacudón institucional, avanzaba en el terreno de lo concreto y sobre lo que más les importaba: la educación de los hijos, los negocios, la propiedad privada, la renta petrolera.

Los primeros en organizarse fueron los padres de familia. No permitirían que el Ministerio de Educación metiera mano en los textos escolares para borrar los últimos cuarenta años de historia y reemplazarlos por loas al golpe de Estado del 92; ni que los niños recibieran instrucción premilitar como pioneritos en la defensa de la patria; ni que entraran inspectores dentro de los colegios privados. Por eso pintaron pancartas y salieron a las calles a gritarle al Comandante: «¡Con mis hijos no te metas!».

A ellos se les fueron sumando otros sectores: los gremios, los empresarios, los sindicatos, la Iglesia católica, los medios de comunicación (y algunos militares, por debajo de cuerda). No aceptaban que Chávez promulgara 49 leyes, por decreto, un día antes de que se le vencieran los poderes especiales otorgados por la Asamblea Nacional. Las más preocupantes eran las de reforma agraria y tenencia de tierras —con todo y expropiaciones incluidas— y las que anunciaban cambios significativos en el manejo de la renta petrolera: el Gobierno quería tener control total sobre la compañía estatal, PDVSA, aún gerenciada por una junta más tecnocrática y menos alineada con el proyecto revolucionario.

Ya para ese momento, Chávez aparecía a diario en la pantalla, en su programa *Aló Presidente*, o interrumpía la programación habitual con cadenas de radio y TV, porque la comunicación con el pueblo debía ser de tú a tú, sin los intermediarios tradicionales: los medios de comunicación que actuaban cada vez más como partidos políticos opositores. Gobernaba para la opinión pública —«la más grande de todas las fuerzas»— en una secuencia de escenas impredecibles, en vivo y en directo, desde cualquier lugar de la patria. Lo suyo era el teatro y el espectáculo: derroche de palabras, canto y baile, risa y llanto, o el chillido agudo de un silbato. El 7 de abril de 2002 lo utilizó para despedir a los gerentes de PDVSA, como si fuera un árbitro, porque estaban «¡Offside!».

La audiencia antichavista no podía aplaudir la insolencia del merolico o del «Mico-Mandante» (así le decían los sectores más odiosos) y la Coordinadora Democrática —la alianza opositora que reemplazó a los partidos desprestigiados— convocó a una marcha el 11 de abril, en solidaridad con los trabajadores de la petrolera. Ese día, alrededor de un millón de personas caminaron hasta la sede de PDVSA, en el este de la capital. Viendo el éxito de la convocatoria, los líderes de la protesta decidieron que mejor marchaban hasta el palacio presidencial de Miraflores. En ese lugar, en el centro de Caracas, había otra concentración de chavistas dispuestos a defender al Comandante.

Nunca hubo la temida confrontación entre ambos bandos porque la Policía Metropolitana y la Guardia Presidencial formaron tapones y cordones para contenerlos, y porque unos francotiradores les dispararon desde los edificios adjuntos. Hubo 19 muertos y más de cien heridos, chavistas y antichavistas. Y aunque algunos policías fueron condenados por estos hechos, han pasado veinte años y aún quedan muchas dudas sobre quiénes fueron los gatilleros asesinos y quién les dio la orden.

Después del 11 de abril, el país no volvió a recuperar el consenso, entre otras razones porque varios de los medios de comunicación privados —con la mayor sintonía— cumplieron un papel más político que informativo; en un momento dado transmitieron muñequitos animados, en vez de lo que sucedía en el centro de la capital. Ante una verdad esquiva, cada bando construyó su propia versión sobre lo sucedido en la calle. Y también tras bastidores: el alto mando militar presionó a Chávez para dejar el cargo y luego de que él saliera obligado de Miraflores, Pedro Carmona Estanga, un empresario y líder gremial de la Coordinadora Democrática, se juramentó como presidente interino. Pero cuando Carmona —con ínfulas de emperador— anunció la disolución de todos los demás poderes, los militares se arrepintieron de haber sacado a Chávez. Cuando lo trajeron de vuelta, miles de sus seguidores ya rodeaban el palacio de Miraflores y gritaban: «¡Queremos a Chávez!».

Luego de haber sobrevivido al golpe de Estado, el Comandante trató de moderar un poco su discurso. Pero fue apenas un repliegue táctico ante los enemigos que no tardarían en embestir de nuevo, porque él tampoco estaba dispuesto a ceder. Al contrario, citando a León Trotsky diría: «Toda revolución necesita el látigo de la contrarrevolución».

A mediados de agosto, los magistrados del Tribunal Supremo de Justicia, en un fallo sorpresivo, absolvieron a los miembros de las Fuerzas Armadas implicados en la conspiración de abril. La sentencia decía que eran unos militares «preñados de buenas intenciones» y apegados al hilo constitucional. Los generales habían pedido la renuncia al Presidente y él la había aceptado, entonces no había sido un golpe de Estado sino un «vacío de poder». A Chávez le pareció que la sentencia era una «plasta» y les advirtió a los jueces: «Si creen que nos vamos a quedar con esa, están muy equivocados».

Dos meses después, un grupo de oficiales —sintiéndose envalentonados con la decisión favorable de los jueces— se declaró en desobediencia civil y durante dos meses ocupó una de las plazas principales de la capital. Invitaron al resto de la tropa y a los ciudadanos a formar una unión cívico-militar para forzar la salida del presidente. Chávez observó la escena desde lejos, pero los servicios de contrainteligencia sí se acercaron a la plaza y tomaron nota atenta de quiénes eran los sublevados.

Antes del fin de año, los trabajadores petroleros convocaron a un paro nacional. Duró 63 días y por poco acaba con la ya maltrecha economía venezolana. El Gobierno resistió, gracias a la ayuda de unos pocos aliados nacionales y extranjeros, y aprovechó la oportunidad para reforzar su narrativa: la oposición era antidemocrática, violenta y estaba en contra del pueblo, por su culpa se habían quedado sin celebrar la navidad y sin gas para cocinar.

Preocupada por el alto nivel de conflictividad en Venezuela, la comunidad internacional intervino. Después de varios meses de diálogos tensos con negociadores de la OEA y el Centro Carter, el chavismo y la oposición llegaron a un acuerdo: la mejor forma de resolver el pulso de poder era en las urnas, a través de un plebiscito o referendo revocatorio del mandato del presidente. Así había quedado reglamentado en la nueva Constitución del 99, aunque Chávez nunca estuvo muy de acuerdo con ese artículo.

Las encuestas auguraban lo peor para el Comandante: perdería el referendo. ¿Qué podía hacer? Chávez le pidió ayuda al viejo zorro político del Caribe, Fidel Castro, quien aprovechó la oportunidad para hacer un gran negocio. Enviaría a un contingente de médicos cubanos para atender consultas en los barrios populares, a cambio de barriles de petróleo. Chávez estuvo más que de acuerdo con el plan, el precio del crudo iba subiendo y ahora sí tendría cómo financiar su revolución o al menos mejorar su imagen antes del referendo. Invertiría el 4 % del PIB en lo que, en adelante, se conocería como «misiones». La de los médicos cubanos, Barrio Adentro, fue la primera, pero pronto aparecieron otras como la Misión Identidad para que los indocumentados tuvieran cédulas y pudieran votar.

Mientras tanto, el Consejo Nacional Electoral —regido por varios rectores chavistas— pondría todas las trabas y dilaciones al proceso de recolección de firmas para convocar al referendo. Esas listas de firmas luego fueron filtradas y publicadas, y le sirvieron al gobierno para hacer una campaña de intimidación, sobre todo entre quienes eran funcionarios públicos o beneficiarios de las misiones. Uno de los lemas de la temporada era: «Chávez es el pueblo», así que si el pueblo ponía su firma, actuaba en contra de sí mismo: «Los que firmen contra Chávez estarán firmando contra la patria, contra el futuro... quedará registrado para la historia, porque va a tener que poner su nombre, su apellido, su firma, su número de cédula y su huella digital», advirtió el presidente.

Y esta vez sí se tomaron en serio sus amenazas. El Gobierno había tomado retaliaciones en cada uno de los sectores que lo habían retado antes. Luego del paro petrolero, habían despedido a 18 000 empleados, cuatro de cada cinco ingenieros y casi todo el personal en cargos altos y medios en PDVSA. En los cuarteles comenzaría un proceso de depuración, continuo y a largo plazo, para sacar a todos los uniformados desleales. En el Tribunal Supremo, los jueces no chavistas tenían los días contados, porque serían superados en número por los chavistas, con la nueva Ley Orgánica que aumentaba el número de magistrados de veinte a 32. Y los medios de comunicación podrían ser sancionados con multas onerosas —incluso los periodistas podrían ir a la cárcel— cuando entrara en vigencia la Ley Mordaza o Ley Resorte (Responsabilidad Social en Radio y Televisión).

Para cuando se celebró el referendo revocatorio, el 15 de agosto de 2004, la tendencia en las encuestas se había revertido. La estrategia maquiavélica —el amor y el temor al príncipe— funcionó de maravilla y Chávez ganó con el 59 % de los votos. La oposición no podía creer los resultados y cantó fraude, aunque nunca pudo demostrarlo, mientras el Comandante celebró con los gritos eufóricos del pueblo: «¡Uh, ah, Chávez no se va!». El mismo eslogan fue reutilizado dos años después para su reelección presidencial. Chávez barrió al candidato de una oposición «escuálida», con el 62.84 % de los votos.

Las condiciones para participar eran cada vez más difíciles para los opositores. Sin financiación estatal, no podían competir contra la maquinaria y la propaganda del oficialismo, que no diferenciaba ya entre Gobierno-Estado-Partido. Cada certamen, lejos de ser una oportunidad de elegir libremente, era la manera de refrendar y relegitimar un proyecto personalista: el chavismo era Chávez. Y no había lugar a discusiones consideradas arcaicas sobre los derechos y garantías de los partidos minoritarios y los candidatos de otras tendencias políticas, cuyos líderes eran unos pigmeos ante el «Gigante»; el pueblo estaba con él y eran *mayoría*.

Victoria de mierda

El todopoderoso Chávez se fue quedando sin contrapesos. Después de las purgas sucesivas en los otros poderes, el encarcelamiento selectivo de ciertas figuras —la juez María Lourdes Afiuni o el general Raúl Baduel— sirvieron como ejemplo vivo del tratamiento que podían esperar quienes desafiaran su autoridad o cuestionaran su gestión y narrativa. Los otrora críticos canales privados de noticias terminaron suavizando el tono y los que no, como Radio Caracas Televisión, se quedaron sin licencia y salieron del aire. No había quién le pidiera al Presidente que rindiera cuentas, y el pueblo tampoco se lo exigió, porque el chavismo también era un acto de fe en el gran líder, que no paraba de dar muestras de su gran corazón y generosidad hacia ellos.

El precio internacional del barril de petróleo superó los $140 dólares en 2008 y PDVSA —productora del 94 % de los ingresos del país— recibió un chorro de dinero nunca antes visto. El Gobierno lo utilizó para financiar programas sociales nuevos: subsidios para las madres del barrio, becas para estudiar en las universidades bolivarianas, construir apartamentos nuevos de la Misión Vivienda… El Gobierno también mantuvo la tasa del bolívar respecto al dólar a un precio artificialmente bajo y los venezolanos —pobres y ricos— gastaban de lo lindo (el consumo creció a un ritmo del 15 % anual). La bonanza alcanzaba hasta para ayudar a los países vecinos y amigos, a través de acuerdos como Petrocaribe o Petrosur, y también para descontaminar el río Hudson en Estados Unidos o construir un hospital de VIH en Gambia.

Ningún otro país de la región tuvo tanta riqueza durante la primera década del siglo XXI y la dilapidó tan rápido: miles de millones de dólares se desviaron a través de contratos con empresas de maletín y otro tanto fue malgastado en burocracia y misiones insostenibles, sobre todo después del desplome del precio del barril a menos de $40 dólares, consecuencia de la crisis financiera global del 2008. Confiado en que el precio repuntaría, el Gobierno siguió gastando y endeudándose (Venezuela volvió a cuadruplicar su deuda externa entre 2006 y 2012) para financiar la «utopía posible», que solo era posible si el Comandante continuaba en el poder.

A finales de 2007, Chávez convocó a un nuevo referendo para modificar 69 artículos de la Constitución, entre ellos el que permitía la reelección indefinida del presidente. Los venezolanos le dijeron que NO. Y aunque esa noche el Comandante reconoció los resultados —de mala gana porque dijo que era una «victoria de mierda»— en realidad no la aceptó. Un año después, la bancada oficialista en la Asamblea Nacional propuso que la gente reconsiderara su decisión respecto a ese punto específico, en un nuevo referendo. Y la gente reconsideró, porque ¿cómo no le iban a dar el gusto al presidente que tanto había hecho por ellos?

Tú también eres Chávez

«Chávez… ya no soy yo…», dijo el Comandante al empezar la campaña presidencial de 2012, sobre la tarima en Maracay.

«¡Chávez es un pueblo! ¡Chávez somos millones!».

Y luego gritó las consignas que insinuaban ya un desprendimiento o traspaso de mando:

¡Tú también eres Chávez, mujer venezolana!
¡Tú también eres Chávez, joven venezolano!
¡Tú también eres Chávez, niño venezolano!

Tres meses después, el 7 de octubre de 2012, más de ocho millones de venezolanos votaron por él, a pesar de las dudas sobre su estado de salud. La imagen de un Chávez vulnerable —lloró y su voz se quebró en algunos momentos—, en vez de asustar a los votantes, reforzó el vínculo emocional con él. El discurso de que el Comandante se había enfermado de tanto luchar y trabajar por el pueblo despertó sentimientos de una extraña gratitud parecida a la culpa: ahora sí que no podían abandonarlo.

Dos meses después, el 8 de diciembre, el Comandante anunció su partida a Cuba para someterse a una nueva operación. Esa noche, en su última cadena de radio y televisión, dijo que si algo llegara a sucederle, los venezolanos debían elegir como sucesor al vicepresidente Nicolás Maduro. La revolución continuaría con él a la cabeza, pero la construcción de la patria querida era una tarea que no dependía de un solo hombre: «Ya en verdad Chávez no es este ser humano solamente, Chávez es un gran colectivo, como decía el eslogan de la campaña: ¡Chávez, corazón del pueblo! Y el pueblo está aquí, en el corazón de Chávez».

Ante la inminente desaparición del caudillo, la fórmula clásica del populismo se invirtió: el líder ya no era la encarnación del pueblo, el pueblo sería la encarnación del líder. Durante los meses siguientes, de fervor casi místico —no se sabía si estaba vivo o muerto, o a medio camino en un coma inducido— la consigna «Yo soy Chávez» se multiplicó como *hashtag* en las redes sociales; se instaló como pancarta o valla en las calles; se reprodujo como grafiti y *stencils* en los muros de la capital; y se estampó sobre innumerables franelas repartidas entre los militantes del partido oficialista. No importaba el color —rojo, verde, naranja, amarillo—, lo clave era el mensaje y también la imagen que lo acompañaba, los ojos negros del Comandante que parecían advertir: «Te estoy viendo».

Los chavistas estrenaron sus franelas el 10 de enero de 2013, para un evento sin igual: la juramentación-no juramentación del Presidente. En esa fecha esperaban a Chávez en Caracas para tomar posesión del cargo. Pero como el Comandante seguía convaleciente en Cuba, el pueblo podría jurar y luego celebrar por él, en medio de una jarana colectiva, con grupos y orquestas de salsa, reguetón y joropo, ubicados en distintas esquinas de la Avenida Urdaneta. Los invitados especiales al evento —cuyo presentador era el mismo de un concurso de TV llamado *La guerra de los sexos*— fueron los presidentes Evo Morales, Daniel Ortega, Pepe Mujica... e Ivián Sarcos, la reina de belleza chavista.

El momento culminante de la ceremonia fue cuando Nicolás Maduro le pidió a los chavistas elevar una mano —con la que sostenían una diminuta Constitución— y llevarse la otra al pecho —con bandas tricolores de papel atravesadas— para hacer el juramento. Al terminar la ceremonia, los miles de presidentes encargados celebraron bailando con la última canción de la temporada, a ritmo de merengue: *Chávez, corazón del pueblo*.

Un mes y medio después, las mismas franelas coloridas, en vez del negro luto, fueron reutilizadas para despedirse del presidente o, como fue rebautizado por la propaganda oficial tras su muerte, el Comandante Eterno. Fue un sepelio digno de caudillo: el ataúd recorrió las principales calles de la capital rodeado por la romería; su cuerpo estuvo expuesto durante diez días en la capilla ardiente de la Academia Militar, y la gente pudo verlo por última vez entre el cajón, vestido con el uniforme verde olivo de gala, sus condecoraciones y su característica boina roja de paracaidista; en algún momento pensaron que podrían embalsamarlo, al estilo de Mao Tse Tung o Lenin, pero luego del funeral de Estado finalmente fue «sembrado» —jamás sepultado o enterrado— dentro del Cuartel de la Montaña, el castillo desde donde comandó su fallida insurrección como teniente coronel.

Chávez había fracasado como militar, pero no como político carismático. Sus guerras de micrófono y sus victorias de maquinaria electoral fueron elevadas a la categoría de hazañas históricas en ese relato heroico, que él mismo se había empeñado en construir y controlar. El mito se le había salido de las manos en el último minuto y sería instrumentalizado por su sucesor para mantenerse en el poder.

El hijo de Chávez

Nicolás Maduro dijo que era el «hijo de Chávez» en la campaña presidencial; que el difunto presidente se le había aparecido en forma de pajarito; incluso intentó parecerse a él, pero el pueblo, que conocía muy bien al original, no aceptó la farsa. Aunque Maduro repitiera como ellos «¡Yo soy Chávez!», no le creían. En un mes y medio de campaña presidencial, en vez de aumentar su popularidad, perdió nueve puntos. Y para sorpresa de los psicólogos sociales y analistas que hacían grupos de enfoque, el autoritarismo que los venezolanos no veían en Chávez, sí lo identificaban con claridad en el sucesor.

Maduro ganó las elecciones de 2013, pero por un margen tan estrecho —menos del 1 %— que la oposición no reconoció su victoria y pidió recuento. El sucesor ignoró el reclamo y prohibió que marcharan hasta la sede del Consejo Nacional Electoral a exigir una auditoría. Esa noche, en medio de disturbios y enfrentamientos con la fuerza pública, murieron siete personas y otras sesenta resultaron heridas. La misma escena —la de la protesta y la represión— se repitió en el 2014 (y luego en el 2016, 2017, 2019 y 2020, con un saldo acumulado de cientos de asesinados, y miles de heridos y detenidos) para protestar contra un presidente al que consideraban *ilegítimo*.

La nueva *mayoría* —integrada también por chavistas no maduristas— luchaba por los vestigios de la democracia y en contra del heredero que haría cumplir el Plan de la Patria del amado líder, aunque tuviera que sacar su puño de hierro para hacerlo: «Me llamarán dictador». Sonó a amague de hombre acorralado por tres meses sostenidos de protestas y guarimbas en el 2014, pero no quedaron dudas de que ese era su talante verdadero a partir del 2016. Maduro dijo que reconocía la victoria electoral de la coalición opositora en las elecciones parlamentarias de finales de 2015, pero al poco tiempo la desconoció, con el aval de un Tribunal Supremo tan arbitrario como él; ya no podían darle el barniz de legalidad que en otros tiempos los jueces le habían dado a la misma fechoría: la creación de una nueva Asamblea Constituyente que usurpó las funciones del parlamento.

Los esfuerzos de la oposición por convocar a un referendo revocatorio contra Maduro no prosperaron ante las trabas que impuso el árbitro electoral —que de árbitro ya no tenía nada— y la posterior reelección de Nicolás Maduro como presidente en 2018 no fue reconocida por la mayoría de países occidentales, la Unión Europea y la OEA, y tampoco por la mayoría de los venezolanos. Ante la falta de garantías y la decisión del CNE de prohibir el concurso de la mayoría de los partidos y candidatos opositores, los votantes no acudieron a las urnas: la abstención fue de 52 %, la más alta de cualquier elección presidencial celebrada en Venezuela desde 1958.

Con el juego político cerrado, la desesperanza se instaló entre muchos venezolanos que notaban el deterioro de sus condiciones de vida en sus propios cuerpos, cada vez más delgados y enfermos. La tasa de desempleo había superado el 50 %, los precios habían aumentado de un año a otro más de 2 000 %. Millones de personas huyeron de la hiperinflación y la recesión continuada por más de siete años, o de lo que se sentía como el colapso total del país. Los llamaron «migrantes» y no «refugiados» porque no venían de una guerra, pero el éxodo de más de seis millones de venezolanos era comparable al de los sirios.

La crisis humanitaria no era la consecuencia de las sanciones impuestas por Estados Unidos y la Unión Europea, ni de la supuesta «guerra económica», una película de ficción creada por la propaganda oficial en la que el capitalismo malvado quiere tumbar al Gobierno socialista que resiste, aferrándose al recuerdo del Comandante. Era el resultado del derrumbe de los precios petroleros a partir del 2014, del pésimo manejo de la política macroeconómica y de la corrupción que había florecido con el sucesor y sus cómplices criminales, como el empresario Alex Saab, proveedor y contratista del Estado para suministrar cajas de alimentos de la peor calidad a la gente más necesitada.

«El gangsterismo político es signo de que el populismo ha entrado a su fase terminal, la que, como ocurre con algunas enfermedades agónicas, también podría ser duradera»,[5] escribió el profesor Fernando Mires, a propósito del chavismo sin Chávez y la pugna por el poder entre diferentes fracciones (gangs) que utilizan toda clase de medios ilícitos. En esa rivalidad feroz, algunas de sus figuras más cuestionables se han autoproclamado como los verdaderos guardianes del legado del Comandante. La mayoría están prófugos y en el exilio (el antiguo zar de PDVSA, Rafael Ramírez, la exfiscal general Luisa Ortega Díaz, el exdirector de Inteligencia Militar, Hugo *El Pollo* Carvajal) o presos en una cárcel, como el exministro del Interior, el general Miguel Rodríguez Torres.

Todos ellos —y también otros sectores, dentro y fuera del país— subestimaron al sucesor, que actuó rápido y con buen cálculo. Ante la evidente falta de *legitimidad* popular que sostuvo a Chávez durante una década, Maduro concentró todos sus esfuerzos en construir una muy estrecha y extraña relación, al estilo del Comandante —de amor y temor—, con los únicos que pueden mantenerlo en el poder, mediante el uso de la fuerza bruta: los militares. A ellos les entregó la conducción de nuevas empresas estatales, los ministerios más estratégicos, amplió la capacidad de acción de varios componentes y les permitió hacer cualquier clase de negocios. Pero también castigó su deslealtad encarcelándolos, más que cualquier otro presidente en la historia de Venezuela.

Esa relación fatal —el amor transformado en fanatismo ideológico y el temor convertido en sumisión total a un dictador cínico y

---

[5] *Del populismo al gangsterismo*. Fernando Mires. Agosto, 2013.

banal— terminó destruyendo también lo que le quedaba de prestigio a la primera institución de la patria. El último escarnio a la tradición militar tuvo lugar el 5 de julio de 2022, fecha en que se celebra la independencia y es también el día de la Fuerza Armada Nacional Bolivariana. El Comandante en jefe, cada vez más paranoico, al parecer no asistió a la celebración por miedo a un magnicidio. En su reemplazo apareció un muñeco inflable del Súper Bigotes, un personaje animado —con trusa, capa voladora y mano de hierro— que el aparato de propaganda se inventó para luchar contra los enemigos de la patria en la pantalla, esa realidad paralela y sin *rating* en la que parece atrapado Nicolás Maduro.

Libros para extender la conversación

Tratado para radicales. Manual para revolucionarios pragmáticos. Saul D. Alinsky. 1971.

Strongmen: Mussolini to the Present. Ruth Ben-Ghiat. W. W. Norton & Company, 2020.

¿Por qué funciona el populismo?: El discurso que sabe construir explicaciones convincentes de un mundo en crisis. María Esperanza Casullo. Siglo XXI Editores, 2019.

Populisms: A Quick Immersion. Carlos de la Torre. Tibidabo Publishing, 2019.

Populist Seduction in Latin America. Carlos de la Torre. Ohio University Press, 2010.

The Promise and Perils of Populism: Global Perspectives. Carlos de la Torre (ed.). University Press of Kentucky, 2015.

Populocracy: The Tyranny of Authenticity and the Rise of Populism. Catherine Fieschi. Agenda Publishing, 2019.

Del fascismo al populismo en la historia. Federico Finchelstein. Taurus, 2018.

The People, No: A Brief History of Anti-Populism. Thomas Frank. Metropolitan Books, 2020.

Delirio americano: Una historia cultural y política de América Latina. Carlos Granés. Taurus, 2022.

Populista: The Rise of Latin America's 21st Century Strongman. Will Grant. Apollo, 2021.

Exit, Voice, and Loyalty: Responses to Decline in Firms, Organizations, and States. Albert O. Hirschman. Harvard University Press, 1970.

The Populist Explosion: How the Great Recession Transformed American and European Politics. John B. Judis. Columbia Global Reports, 2016.

The Populist Persuasion. Michael Kazin. Cornell University Press, 2017 (nueva edición).

La razón populista. Ernesto Laclau. FCE, 2005.

Cómo mueren las democracias. Steven Levitsky, Daniel Ziblatt. Ariel, 2018.

Populistas: ¿Cuán populistas somos los peruanos? Un estudio empírico. Carlos Meléndez. Debate, 2022.

El retorno de lo político. Chantal Mouffe. Paidós, 2020.

Populismo: una breve introducción. Cas Mudde, Cristóbal Rovira Kaltwasser. Alianza Editorial, 2017.

Populism in Europe and the Americas: Threat or Corrective for Democracy? Cas Mudde, Cristóbal Rovira Kaltwasser (ed.) Cambridge, 2013.

What Is Populism? Jan-Werner Müller. University of Pennsylvania Press, 2016.

El siglo del populismo. Pierre Rosanvallón. Galaxia Gutenberg, 2020.

The Oxford Handbook of Populism. Cristóbal Rovira Kaltwasser, Paul Taggart, Paulina Ochoa Espejo, Pierre Ostiguy (ed.). Oxford University Press, 2017.

The Road to Unfreedom: Russia, Europe, America. Timothy Snyder. Crown, 2018.

The will of the people. Populism and citizens participation in Latin America. Yanina Welp. DeGruyter, 2022.

Autores

Diego Salazar

Periodista y editor. Su trabajo ha aparecido en distintos medios como *The Washington Post*, *The New York Times*, *El País*, *Foreign Policy*, *elDiario* y Radio Ambulante. En 2018 ganó el Premio Nacional de Periodismo de Perú en la categoría de reportaje. Es autor de los libros *No hemos entendido nada: Qué ocurre cuando dejamos el futuro de la prensa a merced de un algoritmo* (2018) y *¿Ahora qué? Apuntes urgentes para entender una campaña interminable* (2021).

Yanina Welp

Investigadora asociada en el Albert Hirschman Centre on Democracy, Graduate Institute, Ginebra (Suiza) y coordinadora editorial de Agenda Pública. Entre 2016 y 2019 fue codirectora del Latin American Zurich Center, en la Universidad de Zúrich. Entre 2008 y 2018 fue investigadora principal del Centre for Democracy Studies. Es cofundadora de la Red de Politólogas. Ha publicado los libros *The Will of the People Populism and Citizen Participation in Latin America* (2022) y, como coeditora, *The Politics of Recall Elections* (2020) y *El diablo está en los detalles: Referéndum y poder político en América Latina* (2020).

María Teresa Zegada Claure

Investigadora miembro del Directorio del Centro de Estudios de la Realidad Económica y Social (CERES). Docente e investigadora de la Facultad de Ciencias Sociales de la UMSS, de la Carrera de Comunicación de la UCB. Ha sido investigadora de CLACSO (programa de becas), investigadora asociada al Programa ALICE-CES Centro de Estudios Sociales, el Programa coordinado por Boaventura De Souza, Universidad de Coimbra sobre «Democracia intercultural» y otras instituciones. Es coatora de los libros *La democracia desde los márgenes: Transformaciones en el campo político boliviano* (2011), *Movimientos sociales en tiempos de poder: articulaciones y campos de conflicto en el gobierno del MAS* (2008) y *En nombre de las autonomías: crisis estatal y procesos discursivos en Bolivia* (2007).

Carlos Granés

Antropólogo social, ensayista y colaborador de distintos medios como *El País* y *Letras Libres*. Es autor de los libros *La revancha de la imaginación. Antropología de los procesos de creación: Mario Vargas Llosa y José Alejandro Restrepo (2008); El puño invisible: Arte, revolución y cambios culturales (2011),* Premio Internacional de Ensayo Isabel Polanco; *La invención del paraíso: El Living Theatre y el arte de la osadía* (2015), *Salvajes de una nueva época: Cultura, capitalismo y política* (2019) y *Delirio americano: Una historia cultural y política de América Latina* (2022).

Daniel Matamala

Periodista de la Universidad Católica de Chile y Master of Arts en Periodismo Político de la Universidad de Columbia. Conductor de CNN en Español y Chilevisión Noticias. Ganó el Premio Apes 2009 como el mejor entrevistador de la TV chilena, el Premio MAG 2012 a la mejor entrevista en revistas y el Premio Periodismo de Excelencia 2012, de la Universidad Alberto Hurtado, por su cobertura de las protestas estudiantiles. Es autor, entre otros, de los libros *Goles y autogoles: la impropia relación entre el fútbol y el poder político* (2001), *1962. El mito del mundial chileno* (2010), *Poderoso caballero: El peso del dinero en la política chilena* (2015) y *Distancia social* (2019).

Carlos Manuel Álvarez

Periodista y escritor. En 2016 fundó la revista cubana independiente *El Estornudo*. Sus textos y columnas de opinión han aparecido en medios como *El País*, *The New York Times* y *The Washington Post*, BBC World, Vice, Internazionale, Altaïr. En 2013 obtuvo el Premio Calendario en Cuba por su libro de relatos *La tarde de los sucesos definitivos*. En 2017 fue seleccionado por el Hay Festival para la lista de Bogotá 39, que reúne a los 39 mejores escritores latinoamericanos menores de 40 años. En 2021 recibió el Premio Don Quijote de Periodismo (parte de los premios Rey de España) y fue seleccionado por la revista Granta entre Los Mejores Narradores Jóvenes en Español. Ha publicado las novelas *Los caídos* (2018) y *Falsa guerra* (2021). Su libro más reciente es *Los intrusos* (2022), ganador del Premio Anagrama/UNAL de crónica Sergio González Rodríguez.

Isabela Ponce Ycaza

Periodista y editora. En 2011 cofundó GK en Ecuador, donde ejerce como directora editorial y editora de género. En 2018 publicó la primera investigación sobre abuso sexual masivo dentro de la Iglesia católica del Ecuador. En 2019 destapó otro caso de abuso sexual masivo en contra de niñas en un gimnasio olímpico. En 2021 ganó el Premio Ortega y Gasset a mejor historia o investigación periodística por el reportaje publicado en GK, *Las mujeres que le ganaron al desierto*.

Carlos Dada

Periodista fundador de *El Faro de El Salvador*. Premio Maria Moors Cabot por la Universidad de Columbia, Stanford Knight Fellow y becario Cullman de la Biblioteca Pública de Nueva York. Bajo su dirección, *El Faro* recibió en 2012 el Premio Latinoamericano de Derechos Humanos de WOLA y en 2016 el Reconocimiento a la Excelencia que otorga el Premio Gabriel García Márquez de Periodismo. En 2022 recibió el ICFJ Knight Trailblazer, concedido por el International Center for Journalists.

Ramón González Férriz

Periodista, ensayista y editor. Es columnista de *El Confidencial,* editor asociado de la revista *Política Exterior* y conductor del pódcast *El futuro de las ideas*, del Center for Economic Policy de Esade. Ha sido responsable de la edición española de la revista *Letras Libres* y director *El Semanario*. Es autor de los libros *La revolución divertida* (2012), *1968: El nacimiento de un mundo nuevo* (2018), *La trampa del optimismo. Cómo los años noventa explican el mundo actual* (2020) y *La ruptura. El fracaso de una (re)generación* (2021).

Ricardo Raphael

Periodista, escritor y docente. Desde hace más de 25 años ejerce como reportero y analista. Es conductor de los programas Calle 11 (Canal 11) y No Hay Lugar Común (ADN40), así como columnista en *Milenio* y el semanario *Proceso*. Es autor, entre otros libros, de *Hijo de la Guerra* (2019), *Periodismo Urgente: Manuel de investigación 3.0* (2014), *Mirreynato* (2014), *El Otro México* (2011), *Para entender la institución ciudadana* (2007) y *Los Socios de Elba Esther* (2007).

Alberto Vergara

Politólogo y ensayista. Es profesor del Departamento Académico de Ciencias Sociales y Políticas de la Universidad del Pacífico e investigador de su Centro de Investigaciones. Es Ph.D en Ciencia Política por la Universidad de Montreal, máster en Ciencias Políticas por la Universidad Libre de Bruselas. Realizó un posdoctorado en la Universidad de Harvard y fue *fellow researcher* en el National Endowment for Democracy en Washington D.C. Es autor de los libros *La Danza Hostil: Poderes subnacionales y Estado Central en Bolivia y Perú* (2015), *Ni amnésicos ni irracionales. Las elecciones de 2006 en perspectiva histórica* (2007). Co-editó con Carlos Meléndez el libro *La Iniciación de la política. El Perú político en perspectiva comparada* (2010). Sus ensayos y artículos políticos han sido compilados en el libro *Ciudadanos sin República* (2013, 2017).

Catalina Lobo-Guerrero

Periodista. Fue corresponsal en Caracas entre 2012 y 2015. Desde hace 15 años escribe sobre política, derechos humanos, conflicto armado, salud y corrupción en América Latina. Su trabajo ha aparecido en medios como *The New York Times*, *El País*, *The Guardian*, *Semana*, La Silla Vacía, Altair, la Red Global de Periodismo de Investigación (GIJN) y Salud con Lupa, entre otros. Hizo una maestría en Periodismo de Investigación en la Universidad de Columbia, en Nueva York y es egresada del máster de Creación Literaria de la Universidad Pompeu Fabra, en Barcelona. Es autora del libro *Los restos de la revolución Crónica desde las entrañas de una Venezuela herida* (2021).